張耀杰——著

卷二：胡適與新舊文化

胡適評議

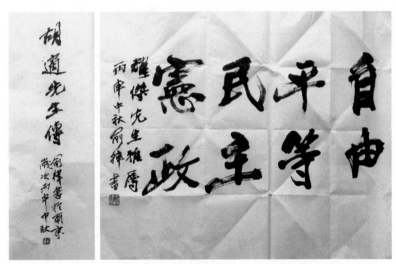

2016年中秋節，我和南京朋友蘇南等人一起去看望年過九旬的文史前輩俞律老人，老人揮毫為我題寫了本書的書名《胡適先生傳》，並且題寫了我所概括的文明價值四要素：自由、平等、民主、憲政。儘管書名有所調整，俞律老人的珍貴墨寶也依然值得附錄於此。

上左：1914年在美國康乃爾大學讀書時的胡適

　中：1920年3月14日（從左至右）蔣夢麟、蔡元培、胡適、李
　　　大釗在北京西山臥佛寺合影

　右：1930年胡適與妻子江冬秀的合影

下左：1938年胡適任駐美大使時攝

　中：1958年4月10日，胡適與蔣中正於中央研究院

　右：1958年，胡適任中央研究院院長

北大教授胡適

胡適在美國演講　　　　　　胡適與蔣介石

自序
我的家史與思想史

2006年，我在廣西師範大學出版社出版第一本關於民國時期之文史隨筆集《歷史背後：政學兩界的人和事》，主編馮克力先生要我為該書加寫一篇自序，我就大著膽子寫作了這篇《以不惑之思面對歷史（自序）》，在1989年之後的公開出版物中第一次以受害者家屬身分提到1959年前後所謂「自然災害」中的「非正常死亡」，比《炎黃春秋》的相關文章和楊繼繩先生的《墓碑》都要早。這篇自序還以《我的家史與思想史》為標題，刊登於《西湖》2007年第4期。2008年又錄入由我本人為青島出版社編選的「思想者文叢」之《私人記憶》。考慮到這篇自序專門提到閱讀胡適對於我個人的思想演變之決定性影響，我把它移用過來並稍加補充，作為這部三卷本的《胡適評議──政學兩界人和事》之序言。

1.我爺爺的「非正常死亡」

我是一個有「歷史癖」的讀書人，這種「歷史癖」的養成，根源於少年時代老輩人的講古和自己的亂翻書，成熟於閱讀英文讀本以及胡適的中文著作。

1964年，我出生於河南省禹縣梁北公社大席店大隊。據歷史

傳說，堯舜時期，這裡是以大禹為首的夏部族的聚居地。西元前2208年，大禹的兒子夏啟，就是在這裡建立了中國歷史上第一個「父傳子，家天下」的夏王朝。夏啟當年召見天下諸侯的古鈞台，就建築在村子西邊幾公里處的三峰山下、呂梁江邊。

到了西元1232年，蒙古軍隊擊潰大金朝軍隊的決定性戰役三峰山之戰，同樣是在這裡發生的。蒙古大汗窩闊台的弟弟拖雷繞過金朝的軍事重鎮潼關，越過秦嶺從南往北直奔汴京（開封），與大金朝將領完顏合達、完顏陳和尚率領的15萬大軍在三峰山展開會戰。由於天氣突變，大雪紛飛，來自北方的蒙古軍隊越戰越勇，以3萬兵力擊敗金軍精銳主力。大金朝從此一蹶不振，1234年，大金朝徹底滅亡。

我所出生的大席店村，據說當初就是三峰山下、呂梁江邊用來招待客人的一個草席大棚，相當於今天的民宿客棧。朱元璋時代強制山西臨汾洪洞縣周邊的農民在村頭大槐樹下集合，然後被武裝押運到河南中原地區墾荒殖民，才有了後來的大席店村以及周邊的諸多村落。

1975年春天的清明節過後，正在讀小學五年級的11歲的我，跟著大人們「農業學大寨」，每天在村子北邊的丘陵坡地上深挖土地，一米多深的土壤裡面密密麻麻地堆著兩三層的人骨殘骸，比較調皮的幾個同班同學，專門找出完整一些的人頭骨，像皮球一樣四處亂踢。

由此可見，4000多年來，我的出生地一直是中國大陸最適宜於人類居住的區域。然而，留在我童年記憶中的卻只有「飢餓」兩個字。

聽村裡的老人講，我的爺爺張天霖和大爺爺張木霖，是在

1959年端午節前後「非正常死亡」的。我的父親從來沒有給我談到過爺爺的事情。

我們老張家在太爺一輩絕了後，太爺是從十里開外的黃楡店抱來的外姓人，當地的民間土著，把從別人家裡抱來用於傳宗接代的養子叫做「買官兒」。我太爺雖說是個「買官兒」，卻一直嬌生慣養，長大後抽鴉片賣掉了全部的土地房屋。我爺爺和大爺爺十三、四歲便一人一條扁擔走村串鎮，靠著當挑夫貨郎贖回了房產，後來才有了我的父親，再後來也就有了我。

我爺爺和大爺爺是著名的孝子。我的精明強幹的姥姥即曾祖母，經常要從兩兄弟手中勒索一些血汗錢供她的男人即我的太爺抽鴉片。稍不如意，她就要在村子裡撒潑罵街，公開斥責我的未成年的爺爺和大爺爺不孝順，直到我爺爺和大爺爺乖乖地交出血汗錢。

1949年前後的所謂「土地改革」（簡稱土改）時期，已經在縣城經營小錢莊的我爺爺，因為捨不下自己用血汗錢在鄉下置買的一點田產，回到村子裡參加「土改」，並且再一次挑起了童叟無欺的貨郎擔。他萬萬沒有想到，自己選擇的是一條死路。

我的爺爺、奶奶都是信仰一貫道的善男信女，為一貫道捐獻了許多銀錢，我的伯父張文義在縣城讀書畢業後，還在本縣的一貫道組織裡面充當了帳房先生一類的角色。隨著一貫道等民間會道門組織被清洗鎮壓，我的伯父被判處死刑緩期的重刑，在「土改」中由於及時把土地送給鄉村的姪女而被僥倖認定為「上中農」的我爺爺，因此成了可以被村民隨意揪鬥批判的「反革命家屬」。1959年端午節前後的麥收季節，我爺爺白天餓著肚子下地幹活，晚上還要忍受遊手好閒的地痞流氓集體狂歡式的揪鬥批

判，參與揪鬥別人的美其名曰「積極分子」的地痞流氓，可以得到多吃一個饅頭的獎勵。

據村裡的老人回憶，我爺爺是「笑著」餓死的。他餓得當眾扒開老舊草房上的老牆土吃，吃了幾口就沒有力氣了，臨死前給旁邊的我的大爺爺說了最後一句話：「哥，我不行了。」由於餓死的人極度痛苦，面部表情抽搐得像是在獰笑。

幾天之後，我的大爺爺去十里地外的梁北村看望剛剛出嫁的大孫女也就是我的大堂姐，回家途中在鄰村的麥田裡隨手撿到一顆收割後遺留的麥穗，就被餓瘋了的鄰村村民毒打一頓，回到家裡便倒地死亡。

這些血腥的事實告訴我，無論任何時候，都不要相信和同情最底層的窮人尤其是傳統農耕社會聚族而居的農民，一個人的文明程度大抵上是和他創造財富的能力成正比。

我爺爺從小就勤勞健壯，有較強的消化功能，比起村子裡遊手好閒的地痞流氓來更加禁不起飢餓，於是成了村子裡最早被鬥死餓死的一個人。我的從小讀書的伯父張文義被關了15年的監獄後減刑釋放，竟然活著走出了監獄。由此可知，監獄並不是最可怕的地方，被當權者蓄意煽動起來相互鬥爭的暴民，比監獄裡面的軍警要更加邪惡和恐怖。

在我的童年記憶裡，伴隨無休無止的飢餓的，是隨時隨地的鬥人狂歡。習慣於集體生活的農村人喜歡蹲在街上吃飯聊天。那些晚飯只能喝上一大碗稀湯而且娶不到老婆的壯漢們，晚飯後把飯碗就地一扔，高喊一聲「鬥人啦」，就可以衝到所謂「地富反壞右分子」——地主、富農、反革命壞分子、右派分子之簡稱——的家裡去揪人開批鬥會。我的從監獄裡面勞改釋放的伯父張

文義，就是經常被揪鬥的主要對象，每次開批鬥會，舉著拳頭帶頭高喊「打倒張文義」的，總是擔任生產隊會計的我的大堂兄，也就是我大伯父家的兒子張玉申。

童年時代玩「扯羊尾巴」遊戲時，唱過一首「日頭落，狼下坡，老人小孩跑不脫」的宗教讖語式的童謠，據說是從1950年土改時期流傳下來的。與這首童謠一起陪伴我的童年生活的，還有詛咒惡霸村幹部的另一首童謠：「孩兒，孩兒，快點長，長大當個大隊長，穿皮鞋，披大氅，抓著喇叭哇哇響。」

所謂「扯羊尾巴」，在有些地方叫「老鷹抓小雞」，無論是狼吃羊還是鷹吃雞，都是由最弱勢無助的成員來充當犧牲品的。「日頭落」隱含的意思是國民黨的青天白日落下了，共產黨的「解放軍」下山了，村子裡的老人小孩弱勢人等所面臨的，是難以逃脫的死亡命運。

在「社會主義改造」初期，為了抗拒私家財產的共產充公，許多農戶流著眼淚殺死了自家的牲畜，然後聚在一塊偷吃牛肉，他們邊吃邊說：「這也許是最後一次吃牛肉了。」而在事實上，牲畜被大批宰殺和農具被大量破壞，以及隨之而來的大躍進和大煉鋼鐵，直接導致大批農村人口的「非正常死亡」。

2.我的父親母親

我的父親張文欽和母親李素香，是1949年之後的第一屆禹縣師範畢業生。我的母親是禹州城裡的大家閨秀，她的哥哥即我的二舅曾是國民黨政府的一名官僚，當年是可以追隨蔣介石逃亡臺灣的，只是為了照顧數十口內親外眷才留在了大陸。1952年的「三反」運動（反貪汙、浪費、官僚主義）和「五反」運動（反

行賄、偷稅漏稅、盜騙國家財產、偷工減料、盜竊國家經濟情報）中，他在東北某大學副校長任上被鎮壓，像後來的儲安平一樣不知所終。

禹縣師範畢業後到褚河鄉擔任中心小學校長的我父親，一直是在各種政治運動中「爭上游」的積極分子，他在1957年的「反右」運動中，理直氣壯地把一名據說是「作風」不好的女同事打成了「右派」。在1962年的下放運動中，他自己遭受當地教師的打擊報復，被強行列入下放名單之中，連累妻子兒女與他一同操持起中國大陸最為古老也最為下賤的一種營生：種地務農。從此以後，飢餓像沒有盡頭的噩夢，伴隨著我的整個童年。有一年春天青黃不接的時候，我放學回家找不到食物，只好用髒手到鹹菜缸裡偷大頭菜充飢，並因此挨了一頓毒打。

爺爺去世後，我的奶奶哭瞎了雙眼。我的瞎了雙眼的奶奶去世之前總是在重複一句話：「等我死後，每個周年給我燒一塊刀頭肉，就一年不饞了。」

所謂「刀頭肉」，就是從豬的腰部割下來的長方形的肥肉塊，煮熟後可以拿到死人的墳頭去燒紙祭典，然後再拿回家裡做成豬肉燉粉條之類的美味佳餚，招待前來祭奠的親戚們。一個忍飢挨餓幾十年的瞎眼老人，活在世上吃不上肉，只能把吃肉的希望寄託在死亡之後的陰曹地府。她唯一的寄託與希望，就是想像之中的陰曹地府，會比所謂的「共產主義的人間天堂」更加溫飽和美好。

我小時喜歡說一些不討人喜歡的調皮話，因此經常在家裡挨打挨罵，我挨了打就死命地哭喊。住在同一個院落裡的三伯母說我是「買官兒」，是父親「拉賣煤」時揀來的。

「拉賣煤」是很缺德的一種營生，就是把當地煤窯挖出來的煤炭，摻合上發電廠洗出的細煤碴，用兩個輪胎的架子車拉到東部平原地區當煤炭賣掉，從不能夠分辨煤炭品質的城鄉居民手中騙取一些不義之財。每到冬天，村裡的壯勞力就會成群結隊「拉賣煤」，然後用騙來的不義之財買菜割肉過春節。我從小就知道父親靠「拉賣煤」掙來的血汗錢很不光彩，但是為了爭搶一塊大肥肉，我還是要和哥哥妹妹們哭喊打鬧。後來讀了一些書，才知道其中的道理：「倉廩實而知禮節，衣食足而知榮辱。」

　　1971年，不滿7周歲的我與哥哥一起進入村辦小學春季班讀書。第一堂課是「毛主席萬歲，林副主席是毛主席的接班人」。放學回家，我興高采烈地詢問父親什麼叫接班人。回答是：「等我死了，你就是我的接班人」。我接上話茬說：「毛主席死了，林彪就接毛主席的班──」

　　話音沒落，一記耳光迅雷不及掩耳地打在我的臉上。暈頭轉向之中，我看到的是父親連同當紅衛兵、紅小兵的姐姐、哥哥「同仇敵愾」的眼光。改名為「張革命」的堂兄張玉修，更是露出一臉的殺伐之氣。有了這一次的慘痛遭遇，我開始對毛偉人以及歌頌他的《東方紅》、《大海航行靠舵手》之類的紅色歌曲深惡痛絕。每當有群眾集會，我都會咬緊牙關，用仇恨的眼光死死盯著大人們露出黑黃牙齒高唱紅歌的醜臉。

　　認識幾個字之後，我便於饑寒交迫中自己動手找書讀。其原動力只是父親反復強調的一句老實話：「不好好讀書，長大連媳婦也討不上。」

　　我所生長的大席店村是比周遭的村落更加貧窮落後的光棍村。村裡一位外號「老虎仇」的老光棍，因為討不上媳婦，總是

在自己的寡母面前露出老虎般的一臉凶相，卻偏偏喜歡逗我玩耍。我曾經夢想自己考上大學當上大官，不單自己擁有了漂亮女人，還替「老虎仇」娶來一房媳婦。到了2005年夏天，我帶著妻兒回河南老家時，才得知「老虎仇」已經去世。

3.我的讀書生涯

在「文革」中沒有完全燒掉的父親的存書裡，我找到了孔子的《論語》、胡風的《關於解放以來文藝實踐狀況的報告》、郭沫若的《地下的笑聲》和父親讀師範時的幾種字典和語文課本。我在放羊的時候把一本《論語》讀得滾瓜爛熟，其中感觸最深的是《子路第十三》中的如下對話：「葉公語孔子曰：『吾黨有直躬者，其父攘羊，而子證之。』孔子曰：『吾黨之直者異於是。父為子隱，子為父隱，直在其中矣。』」

明明是人之常情的道德錯位，竟然被孔老夫子強詞奪理地說成是「正直」之「直」。宋明理學的「存天理，去人欲」，在這裡已經呼之欲出。難怪孔夫子他老人家「年五十六，攝行相事，誅少正卯，與聞國政」了。

孔子兩千多年前的生活水準與我的童年時代大體相當，幾隻羊就是一家人安身立命的一種依靠。要是我放養的一隻羊被人偷走，一家人連買鹽打醬油的錢就沒有了著落。孔學儒教為了在天子君王面前取得克己復禮、獨尊儒術的特權地位，不惜把「父為子隱，子為父隱」尤其是「為尊者諱」的低級情感，絕對神聖化為「勞心者治人」的「存天理，去人欲」的愚民圈套，幾千年來一直是以扼殺犧牲民間弱勢者的正當人權和寶貴生命為血淚代價的。

反胡風運動時用馬糞紙印成的《關於解放以來文藝實踐狀況的報告》，使我明白了那些住在大城市裡的政學兩界的寫書人，其實是與傳統儒生一樣爭權奪利且造謠說謊的人間敗類。我自己的餓肚子與這些人的爭權奪利和造謠說謊之間，是存在著某種因果關係的。

1978年，14歲的我離家到鄉辦高中讀書，最好的口糧是帶著幾點蔥花的麥麵餅子，到了青黃不接的時候，我就只能吃死硬的玉米麵饅頭。因為自己矮小瘦弱，每到中午或傍晚開飯的時候，連一個搪瓷缸子的開水都搶不到手，只好用溫水浸泡長滿黑毛的乾糧充飢。半年下來，我開始頭暈眼花，經檢查患上了嚴重的胃病、貧血和近視，只好就近到我沒有出嫁的姐姐的未婚婆婆家裡去寄食。

高中時代的我，是全校的數學、物理、化學的第一、第二名的尖子學生，我當年的高考志向是報考中國科技大學的少年班。1980年7月參加高考時，16歲的我體重只有38公斤。我當年的高考成績過了大學本科的錄取線，由於身體不合格，只能被相當於中專的河南省漯河師範學校像收容垃圾人口一樣招收錄取。儘管如此，我變成了所謂「非農業戶口」的公家人，開始吃上了白饅頭和大米飯。

由於身體瘦弱和情緒低落，我採用各種方式逃避上課，兩年時間基本上是在閱讀中外書籍和睡懶覺中度過的。

1982年春節前夕，我的父親突然遭遇車禍，家庭的重擔一下子壓在我的肩上。半年後我成為一名農村中學教師，為了尋找遠離河南農村的個人出路，18歲的我開始自學英語，幾年後又毛遂自薦當了英語教員，從各種英文讀本中觸摸了解歐美國家的歷史

事件和文明常識，從此養成了更加自覺的「歷史癖」。

4.來自胡適的不惑之光

2000年夏天，我由於投稿的關係，認識了《黃河》雜誌的謝泳。我當時還是魯迅、周作人的崇拜者，在一次爭論中，我堅持認為魯迅、周作人的思想比胡適要深刻得多。謝泳以他特有的誠懇寬厚勸告我：「你說的有道理，不過你還是應該多讀一些胡適。」

謝泳的話語並沒有說服我，他的誠懇寬厚反而觸動了我。隨後我泡在圖書館裡集中閱讀了幾個月胡適，從胡適的〈介紹我自己的思想〉一文中，我找到了足以點亮自己的不惑之思：

> 我的思想受兩個人的影響最大：一個是赫胥黎，一個是杜威先生。赫胥黎教我怎樣懷疑，教我不信任一切沒有充分證據的東西。杜威先生教我怎樣思想，教我處處顧到當前的問題，教我把一切學說理想都看作待證的假設，教我處處顧到思想的結果。……在這些文字裡，我要讀者學得一點科學精神，一點科學態度，一點科學方法。科學精神在於尋求事實，尋求真理。科學態度在於撇開成見，擱起感情，只認得事實，只跟著證據走。科學方法只是「大膽的假設，小心的求證」十個字。沒有證據，只可懸而不斷；證據不夠只可假設，不可武斷；必須等到證實之後，方才奉為定論。少年的朋友們，用這個方法做學問，可以無大差失，用這種態度來做人處事，可以不至於被人蒙著眼睛牽著鼻子走。從前禪宗和尚曾說，「菩提達摩東來，只要尋一個不受人惑的人」。我這裡千言萬語，也只是要

> 教人一個不受人惑的方法。……我自己決不想牽著誰的鼻
> 子走。我只希望盡我微薄的能力，教我的少年朋友們學一
> 點防身的本領，努力做一個不受人惑的人。

自從被胡適的不惑之思點亮之後，我一直覺得自己有義務去點亮現代中國的歷史盲區和社會盲點，進而點亮更多的朋友和更多的讀者，使他們能夠從鮮活生動的歷史事件和社會現實當中，「學一點防身的本領，努力做一個不受人惑的人」。

在我看來，沒有細節就沒有真實，沒有真實就沒有歷史。世界上沒有無水之源和無根之樹，前生前世的老輩人的悲歡離合，在很大程度上就是當下社會的根源之所在。我所要點亮的政學兩界的人和事，主要偏重於每一位人物和每一例事件的歷史罪錯，或者說是歷史偏限性。這樣做的目的，一方面是要把歷史的本來面目告訴給更多的朋友和讀者，另一方面是為當下社會所存在的一些現實問題，提供一個歷史性解釋。換言之，我所點亮和講述的雖然是老輩人的舊情往事，所要發揚光大的卻是21世紀的生命感悟和公民理性。

5.《胡適評議》的寫作與思考

三卷本的《胡適評議──政學兩界人和事》，是我關於胡適先生的一部較為全面、真實、立體、生動的學術評傳，也是我將近20年來圍繞胡適所展開的相關專題研究之初步集結，其側重點在於展現胡適以及同時代各色人等的思想誤區和歷史罪錯。書稿涉及到民國時期政學兩界知名人物數百名，包括第一批睜眼看世界的蔡元培、梁啟超、嚴復、林紓、吳稚暉、黃遵憲、鄭孝胥、

夏敬觀；與胡適同時代的陳獨秀、錢玄同、劉半農、李大釗、馬敘倫、沈尹默、魯迅、周作人、高一涵、丁文江、王雲五、朱經農、張君勱、馬君武、章士釗、蔣介石、宋美齡、宋子文、蔣廷黻、顧維鈞、王世杰、朱家驊、陳誠、張群、楊杏佛、陳垣、錢穆；以及更加年輕的傅斯年、毛子水、楊亮功、雷震、陶希聖、吳國楨、孫立人、杭立武、陳雪屏、林語堂、殷海光、夏道平、蔣經國、陳之邁、周德偉、蔣碩傑、曾琦、徐復觀、胡秋原、徐高阮、李敖、蕭孟能、曹慎之、胡頌平、林毓生、余英時、周質平等等。全書力求在相關人物的比對碰撞過程中，立體性地展現各個人物的精神樣貌和歷史罪錯。

《胡適評議——政學兩界人和事》是我寫作編著的第29部書稿，我從事學術寫作的主要目標讀者，是大陸方面的中國人，但是，我將近一半的書稿是在臺灣和香港出版的。在已經國際化、資訊化的今天，如此荒誕之事竟然能夠發生在擁有13億人口的號稱是中國的東亞大陸，這不只是我個人的悲劇，同時也是全世界、全人類的一個悲劇。這個悲劇最為直接的罪錯原因，是胡適那一代的讀書人沒有把書讀明白；是蔣介石那一代的軍閥政客，不甘心遵守依法限權、「王在法下」、法律面前人人平等的憲政法理。

長時期的言論出版方面的審查管控，導致我無意識或下意識地帶著鐐銬跳舞的自我設限和精神閹割，隨之而來的是書中內容偏重於敘事性的實證文字，較少理論層面的充分展開和深入探討。儘管如此，貫穿於整部書稿的敘事和考證，是我將近二十年來反復強調並且持續驗證的一套比胡適的相關言論更加系統嚴謹也更加具有生命活力的、「充分世界化」的「健全的個人主義」

之價值要素和價值譜系。

在這部書稿裡面，我一再重複的觀點和結論是：

2000多年前的孔夫子，是把周王朝的愚民專制之術引入民間的始作俑者。打從孔夫子之後，前文明的中國社會逐漸形成了一套極具特色的以所謂天道天理及家國天下為本體本位，一方面在剛性的政權架構之制度設計層面獨尊君權、一方面在柔性的文化思想之意識形態層面獨尊儒術的政教合謀之神聖道統；由此而來的是在公天下、打天下、坐天下、平天下、家天下、私天下的怪圈魔咒和思想牢籠之中格物、致知、誠意、正心、修身、齊家、治國、平天下的貌似全能全知卻從來分不清楚公私群己之權利邊界的人生價值觀。與這樣一種本體論和價值觀相配套的，還有天地君親師、仁義禮智信、忠孝貞節廉恥之類神道設教、君權神授、奉天承運、天命流轉、替天行道、弔民伐罪、天下為公、天誅地滅、改朝換代、一統江山、「存天理，去人欲」的禮教綱常和道德規範。

在沒有個人自由、契約平等、法治民主、限權憲政之制度保障的情況下，持續提倡「充分世界化」的「健全的個人主義」之價值觀念的胡適，只能算得上是半個文明人，其他所有的中國人加在一起，也湊不夠另外半個文明人。歷史長河當中號稱英明偉大的明君賢相、聖人君子、仁人志士，在人類文明的座標系裡，幾乎全部是禍國殃民、倒行逆施的一個個負數。

我得出這樣的一個結論不是出於悲觀，而是出於絕望。個人自由、甲乙平等、法治民主、限權憲政的現代文明價值譜系及制度框架，歸根結底是由自由自治的主體個人及其社會組織創造發明和建設完善的。然而，即使在英美等國已經創立完善了一整套

的現代文明制度規則的情況之下，最擅長於仿造劣質假貨的「中國人」，卻偏偏不願意低下頭來腳踏實地地學習仿造這樣的一套文明制度，就只能歸結於種群基因或文化基因的暗黑敗壞了。

這麼多年來我一直在糾結設問：

假如1860年（清咸豐十年）的英法聯軍，或者1900年（清光緒二十六年）的八國聯軍攻佔北京之後，能夠像野蠻游牧的蒙古人、滿洲人那樣留下不走，現在被稱為「中國」的東亞大陸會是什麼樣子呢？

假如當年的狀元張謇不去依賴本國的官府朝廷，而是直接聯合上海租界當局在南通州的屯墾區域內實施像香港那樣的充分世界化的殖民自治；或者出任淞滬商埠總辦的丁文江，打定主意依託上海租界區的充分世界化的制度優勢和資源優勢，在上海周邊地區實施「一國兩制」的地方自治，會對江浙滬以及整個的東亞大陸，產生什麼樣的示範帶動效應呢？

假如提倡「充分世界化」的「健全的個人主義」的胡適，1945年卸任駐美大使滯留美國期間，能夠像日本的近現代文明先驅福澤諭吉那樣，對於中國傳統的孔孟之道有一種清醒的認識和決絕的態度，並且敢於利用美國社會充分世界化的輿論平臺，以負責任的獨立言論昭告國際社會尤其是中美兩國的政府當局，必須限制甚至剝奪蔣介石的專制獨裁的軍事指揮權，以實現中國軍隊的國家化和世界化，如今的中華民國應該不會成為偏安於臺灣孤島的世界孤兒吧？

假如第二次世界大戰之後的蔣介石，不是極其愚蠢地扛起愛國愛黨、禮義廉恥的民族主義之破爛旗子自我約束、自我捆綁，而是腳踏實地虛心承認自己所把控的中華民國，是一個事實上的

戰敗之國，進而老實認真地順勢搭上美國社會既文明又強大的順風舟船，蘇聯和中共就基本上沒有取得戰爭勝利的可能性。整個中國大陸地區腥風血雨的敗亡淪陷，就有可能被避免。展望未來，假如不久之後的某一天，以美國為首的國際部隊再一次把承載著「充分世界化」的文明之光的強大艦隊駛向東亞大陸，無論如何都不能夠自主推動大陸中國之文明轉型的「中國人」，還會像當年的洪秀全、張之洞、梁啟超、章太炎，尤其是專門躲藏在外國租界裡面優中選劣地從事依附於某一個「帝國主義」而打倒其他「帝國主義」的祕密地下活動的孫中山、陳其美、蔣介石、陳獨秀、李大釗、瞿秋白、周恩來、宋慶齡、魯迅、郭沫若、田漢、潘漢年等人那樣，打著所謂的愛國旗號極力阻止平民大眾搭乘「充分世界化」的順風舟船嗎？！

　　本書稿斷斷續續寫作了將近20年的時間，當初的一些資料是在圖書館裡用手抄寫下來的，輸入電腦之後幾經拷貝，已經很難找到原始出處。等到事實上並不整全的《胡適全集》出版之後，我的一居室的家中實在擺放不下這套42卷的大書，一直沒有狠下心來花錢購置。本書各個章節的注釋，也就無法保持比較充分的一致性。

　　十多年來我一直被限制出境，境外尤其是臺灣方面的相關書籍，我只能利用間接管道獲取碎片性的二手資料，真誠希望以後再版時能夠彌補這一缺憾。

　　作為一個還不具備財富自由的高度近視的糖尿病人，我在這部書稿的寫作過程當中，得到了諸多師友的各種幫助。

　　范泓先生不僅幫助審閱了部分書稿並提出寶貴意見，還專門提供了他所珍藏的周德偉著《自由哲學與中國聖學》、張忠棟

著《胡適五論》和《胡適·雷震·殷海光——自由主義人物畫像》。張忠棟的兩本書都有作者贈送陶恒生夫婦的親筆簽名，說明是陶希聖的兒子陶恒生於生前贈送給范泓的紀念遺物。范泓著《風雨前行：雷震的一生》、《在歷史的投影中》，也是我寫作相關章節的主要參考書。

筆名席雲舒的席加兵博士，是近年來專注於胡適研究的知名學者，他的學術成果，已經得到國際漢學界的廣泛關注。本書寫作過程中，不僅利用了他的學術成果，還抄錄引用了他從臺灣的胡適紀念館拷貝到的殷海光、林毓生寫給胡適的求助書信的圖片。在相互交流過程中，他一再強調林毓生其實沒有像他的學長李敖那樣認真讀過胡適的書，談胡適基本上是信口開河、血口噴人。江勇振雖然是哈佛博士，卻只懂得佔有史料，而不懂得論從史出。「通篇都是以意揣求、意從己出，末流之學而已。他的書可當作史料集來看，還可以當小說來看。」

智效民先生贈送的《胡適和他的朋友們》、《民主還是獨裁——70年前一場關於現代化的論爭》，邵建先生贈送的《瞧，這人：日記、書信、年譜中的胡適（1891-1927）》，章玉政先生贈送的《光榮與夢想：中國公學往事》，都給了我很大幫助。

2017年春節前後，北京地區大面積嚴重霧霾，我已經做過三次割治手術的老鼻炎再次復發，由於反復出現鼻塞頭暈的過敏症狀，我於無奈之下先去雲南麗江借住在李改亮女士暫時空置的家中，查閱利用了她所珍藏的一套《胡適全集》。隨後，我又到雲南大理借住在師濤先生家裡，基本上完成了這部書稿的整體框架。在此一併表示感謝。

另外需要感謝的師友，還有胡月光、王進、郭學明、蔡霽、

楊帆、馬俊、白森、陳天庸、張巍、田振章、孫建民、聶聖哲、黃澤榮（鐵流）、張貴良、閆偉、張一峽、耿劍、梁鴻、周月、何燕岳、莫國放、蕭岉、關飛進、張釗、張斌、董昊、朱輝、賀順明、王永耀、王雲山、丁長宏、張錦生、施高鴻、戴榮臻、高國傑、周達慧、傅萬秀、包志雯、王麗君、楊玉玲、王鈺琪、于滿意、劉紅、丁桂寧、谷濱、謝海泉、胡振敏、張才拉、丁恒立、張洪偉、閆殿軍、夏雪、王慶、呂挺、李紅兵、賀衛方、趙虹、馬勤、何宏江、李錫軍、謝泳、徐思遠、高蔭平、田丁、瞿虹秋、王岳、王元濤、姚敏、譚培中、張海星、鄒家駒、蒲明、侯歌、李祿麟、劉金和、聶彥超、買永貴、王小明、姜永海、馬連華、吳臻斌、陸根文、周明劍、許宏泉、姜君才、楊申民、李大華、劉海東、朱慰軍、謝小萌、卯丁、魏汝久、王振宇、王愛忠、劉權有、楊建峰、于志成、梁曉峰、張合朋、魏定發、張天戈、董力等等。限於記憶，不可能一一列舉。

2005年11月初稿於北京
2018年1月28日補充改寫

作者的父親張文欽　　　　　　　作者的父母和大姐

作者在漯河師範之畢業照，後排左2

目 次 contents

第一章
胡適與周作人的進退之爭[1]

　　五四運動前後，周作人於第一時間率先關注發生在東鄰日本的「新村」實驗，並且在北京家中成立新村支部。此舉既得到蔡元培、陳獨秀、李大釗、毛澤東等人的積極回應，也遭到胡適、魯迅當頭棒喝式的公開批評。完全不具備創新價值的「新村運動」的大起大落，直接導致周作人先自我膨脹後意志消沉，隨後就發生了他在《語絲》週刊時代針對胡適、王世杰、周鯁生、高仁山、高一涵、陳源、凌叔華、徐志摩、唐有壬、李四光等英美派人士的黨同伐異，以及日本侵華期間半推半就的攀附投靠。

第一節　晚年周作人的造謠說謊

　　1917年3月27日，周作人告別故鄉從紹興乘船至曹娥，從曹娥上岸後轉乘火車到寧波，從寧波乘船到上海，然後在上海北站乘車沿滬寧路到南京下關，再渡船過江從浦口沿津浦線到天津，最後改乘京奉鐵路於4月1日晚上抵達北京。周作人出站後乘人力

---

[1]　本章節內容改寫自張耀傑著《北大教授與〈新青年〉》之第八章《周作人的價值混亂與路徑迷失》，新星出版社，2014年6月出版。刪節版《周作人的新村美夢》，刊登於《領導者》2014年第4期總第57期，2015年4月30日出版。

車來到魯迅居住的南半截胡同紹興縣館，兄弟二人一起寄住在綠蔭滿院的槐樹書屋，並且先後加盟《新青年》同人團隊，很快崛起為中國文壇尤其是新文化運動中的著名人物。

1917年4月5日，周作人在日記中寫道：「上午蔡先生來訪，功課殊無著，下午睡良久……」

4月10日，周作人又在日記中寫道：「午至益昌同大哥午飯，下午乘車至大學謁蔡先生辭國文事，又告南行，見陳獨秀、沈君默二君，又回教育部一談……」[2]

蔡元培應紹興同鄉、教育部僉事魯迅的請求，聘請在日本留學期間一直沒有接受正規系統的現代化高等教育的周作人到北大任教，難免有假公濟私的嫌疑。沒有接受過正規高等教育的周作人，在北京大學一直找不到安身立命的立足點，只好長期處於被動打雜的劣勢地位；但是，他不肯從自己身上尋找原因，反而長期怨恨前輩同鄉蔡元培沒有提拔重用。[3]蔡元培逝世後，周作人在《記蔡孑民先生的事》中回憶說：

　　當初他叫我擔任希臘羅馬及歐洲文學史、古英文，但見面之後說只有美學需人，別的功課中途不能開設，此外教點預科國文吧，這些都非我所能勝任，本想回家，卻又不好意思，當時國史館剛由北京大學接收，改為國史編纂處，蔡先生就派我為編纂員之一，與沈兼士先生二人分管

2　《周作人日記》影印本上冊，大象出版社，1996年出版，第663頁。
3　關於此事的來龍去脈，筆者此前在《周作人私信中的蔡元培》中有專門的考證研究，見張耀杰著《歷史背後——政學兩界的人和事》，廣西師範大學出版社，2006年。

英日文的資料，這樣我算進了北京大學了。[4]

在《知堂回想錄》中，晚年周作人專門辟出「東方文學系」一節，介紹自己在北大所遭受的職業挫折：

> 我到北京大學裡來，到底也不知道是幹什麼來的？最初是講歐洲文學史，不過這件事並不是我所能擔任的，所以不久隨即放下了。一九二二年至燕京大學擔任現代文學組的主任，一九二五年答應沈尹默去教孔德學校中學十年級的國文，即是初來北京時所堅決不肯擔任的國文功課，想起來覺得十分可笑的。隨後還在北大染指於國文系的功課，講明清散文稱曰「近代散文」，至一九三六年則添一門曰「六朝散文」……但是在那個中間，有一個時期卻很致力於東方文學系的開設，這時間是一九二五年至一九三七年，大約有十年的光景。……經過好些商議和等待之後，在顧孟餘任教務長的時代，乃叫我做籌備主任，於一九二五年成立東方文學系，從預科辦起。那時我們預備在這系裡教書的共有三人，即是張鳳舉，徐耀辰和我……[5]

周作人最初在北京大學擔任的課程是每週三個學時的「歐洲文學史」和每週三個學時的「羅馬文學史」。一週六個小時的授課連同編寫講義，對於從來沒有到歐美各國專門研習過文學史的周作人來說，是十分繁難的一件事情。他把大部分財力精力花費

---

[4]　《古今》月刊，1942年第六期。
[5]　周作人著《知堂回想錄》下冊，河北教育出版社，2002年，第522頁。

在購置相關資料及編寫講義方面。一年之後,周作人把已經講授過的「希臘文學要略」、「羅馬文學」、「歐洲中古至18世紀文學」合成一本《歐洲文學史》,由商務印書館作為北京大學叢書之三出版發行。

由於缺乏足夠的知識積累和相應的口頭表達能力,周作人的授課並不成功。給他帶來文壇盛名的,是發表在《新青年》及《每週評論》的一系列白話文章。關於《新青年》,晚年周作人在《知堂回想錄》中回憶說:

> 我初來北京,魯迅曾以《新青年》數冊見示,並且述許季市的話道,「這裡邊頗有些謬論,可以一駁。」大概許君是用了民報社時代的眼光去看它,所以這麼說的吧,但是我看了卻覺得沒有什麼謬,雖然也並不怎麼對,我那時也是寫古文的,增訂本《域外小說集》所收梭羅古勃的寓言數篇,便都是復辟前後這一時期所翻譯的。經過那一次事件的刺激,和以後的種種考慮,這才翻然改變過來,覺得中國很有「思想革命」之必要,光只是「文學革命」實在不夠,雖然表現的文字改革自然是聯帶的應當做到的事,不過不是主要的目的罷了。[6]

關於自己的《思想革命》,周作人著重介紹說:「《思想革命》則是正面的主張,強調思想改革之必要,彷彿和那時正出風頭的『文學革命』即是文字改革故意立異,實在乃是補足它所缺

---

[6]　周作人著《知堂回想錄》下冊,第383頁。

少的一方面罷了。這主要所說固然是文學裡的思想，但實際包含著一切的封建的因襲道德，若是借了《大公報》的說法，那也就是『鑱倫常』的一種變相了。」[7]

在周作人娓娓而談的上述話語中，至少存在著似是而非的兩大謊言：

其一、最早在《新青年》雜誌採用「思想革命」概念的不是周作人，而是《新青年》4卷4號的輪值編輯陶履恭字孟和。

1918年1月，陶履恭用文言文寫作的《女子問題：新社會問題之一》在《新青年》4卷4號公開發表，其中有這樣一段話：

> 歐洲自宗教革新而後，思想一變，而神學之權威毀。自法蘭西大革命後，思想又一變，而社會制度政治制度積久之權威摧。……近世之思想，勿論關於科學宗教，政治經濟，繼乎兩種思想革命之後，常取懷疑之態度，含革命之趣味。歐洲女子固有之位置，乃千餘年來所演成之社會制度。耶教經典之所制限，各族法典之所規定，從來相率因襲，誰復敢起而抵抗非難者。今亦受革命的思想之磅薄，終將淪於淘汰之數。

在周作人公開發表《思想革命》之前，高一涵已經把「思想革命」明確認定為改造中國社會的重要問題：「我以為這種『天地君親師』的總統觀念所以發生的原因有二：①是缺乏歷史進化的觀念：②是行制度革命而不行思想革命的壞處。」[8]

---

[7] 《思想革命》，原載《每週評論》第11號，1919年3月2日。
[8] 高一涵：《非君師主義》，《新青年》5卷6號，1918年12月。

晚年周作人在《知堂回想錄》中不動聲色地獨佔「思想革命」的發明專利，其實是秋後偷摘別人家果子的一種不誠實表現。

其二、周作人最初讀到《新青年》及其前身《青年雜誌》時，還在紹興老家而不是初來北京。

1917年1月24日，周作人在日記中寫道：「得北京十九日寄書一包，內《教育公報》二本、《青年》十本。……晚閱《青年雜誌》，多可讀。子谷有《斷簪記》頗佳。」[9]

與此相印證，魯迅在1917年1月18日的日記中寫道：「夜得蔡先生函，便往其寓。夜風。」

第二天，魯迅又在日記中寫道：「晴。上午寄二弟《教育公報》二本，《青年雜誌》十本，作一包。」

由此可知，這十本雜誌是魯迅從剛剛就任北大校長的蔡元培家裡得到之後，立即從北京寄往紹興的。周作人之所以刻意捏造許壽裳反對《新青年》的謠言，可以從《知堂回想錄》的另一段文字裡找到答案：

> 一九二三年與魯迅失和的事件，……我一向沒有公開的說過，過去如此，將來也是如此，在我的日記上七月十七日項下，用剪刀剪去了原來所寫的字，大概有十個左右，……這裡我要說明，徐是徐耀辰，張是張鳳舉，都是那時的北大教授，並不是什麼「外賓」，如許季市所說的。許君是與徐張二君明白這事件的內容的人，雖然人是比較「老實」，但也何至於造作謠言，和正人君子一轍呢？

9　《周作人日記》影印本上冊，第651頁。

「許季市所說」，指的是許壽裳在《亡友魯迅印象記》中提供的說法：「作人的妻羽太信子是有歇斯底里症的。她對於魯迅，外貌恭順，內懷伎忌。作人則心地糊塗，輕聽婦人之言，不加體察。我雖竭力解釋開導，竟無效果。致魯迅不得已移居外客廳而他總不覺悟；魯迅遣工役傳言來談，他又不出來；於是魯迅又搬出而至磚塔胡同了。從此兩人不和，成為參商，一變從前『兄弟怡怡』的情態。這是作人一生的大損失，倘使無此錯誤，始終得到慈兄的指導，何至於後來陷入迷途，洗也洗不清呢？」[10]

許壽裳把周氏兄弟的感情決裂歸咎於來自異國他鄉的弱女子羽太信子，並且無視周作人當年比魯迅更加具有影響力的歷史事實，把魯迅與周作人之間的雙向互動，歪曲為魯迅對於周作人單邊片面的恩賜教導，確實有「造作謠言」的嫌疑。但是，周作人採用「造作謠言」的方式反誣報復「造作謠言」的許壽裳，同樣是蓄意改寫歷史事實的不正當行為！

第二節　《小河》中的劣勢憂患

1919年2月5日，錢玄同在日記中寫道：「午後到大學去。無一人在。啟明留下一信，內有他做的四首詩，要登《新青年》六卷二號。他的詩做得比適之、半農都好。這四首中以《小河》一首長詩為尤佳。」

這裡的「啟明」即周作人，又寫作「豈明」。在錢玄同輪值編輯的《新青年》6卷2號中，周作人的白話新詩《小河》被編

---

[10]　許壽裳：《摯友的懷念‧許壽裳憶魯迅》，河北教育出版社，2001年，第35頁。

排在頭版頭條的顯要位置。在注重思想言論的《新青年》雜誌當中，這種編輯處理是僅有的特例。

白話長詩《小河》的主人公，是擬人化的「堰外田裡的稻」，它在「土堰坍了，水沖著堅固的石堰，還只是亂轉」的危難時刻，「皺著眉」吐露了自己消極劣敗的憂患心聲：

> 我是一株稻，是一株可憐的小草，
> 我喜歡水來潤澤我，
> 卻怕他在我身上流過。
> ⋯⋯
> 我願他能夠放出了石堰，
> 仍然穩穩的流著，
> 向我們微笑，
> 曲曲折折的儘量向前流著，
> 經過的兩面地方，都變成一片錦繡。

1920年5月1日，日本《新村》雜誌五月號把周作人的《小河》中文版連同由周作人親自翻譯的日文版列為篇首同時發表。編者的卷後「雜記」從周作人的來信中摘錄了一句話：「寫這首詩是為了表達去年年初──恰好那時支那的人們正在為過激派的襲來感到畏懼──一部分所謂知識階級的心境。」[11]

所謂「過激派」，指的是在1917年的俄國十月革命影響下，熱衷於來自俄國的無政府社會主義以及布爾什維克社會主義的一

---

[11] 董炳月：《周作人與〈新村〉雜誌》，《中國現代文學研究叢刊》，1998年第2期。

派人。當時的《新青年》同人因為言論過激，而面臨著政學兩界的輿論壓力，從而彌漫著一種過度恐懼的消極情緒。與周作人的劣勢憂患意識形成鮮明對照的，是蔡元培一年之後經胡適編輯發表的著名文章《洪水與猛獸》：

> 我以為用洪水來比新思潮，很有幾分相像。他的來勢很勇猛，把舊日的習慣衝破了，總有一部分的人感受苦痛；彷彿水源太旺，舊有的河槽，不能容受他，就氾濫岸上，把田廬都掃蕩了。對付洪水，要是如鯀的用湮法，便愈湮愈決，不可收拾。所以禹改用導法，這些水歸了江河，不但無害，反有灌溉之利了。對付新思潮，也要舍湮法用導法，讓他自由發展，定是有利無害的。孟氏稱「禹之治水，行其所無事」，這正是舊派對付新派的好方法。[12]

兩千多年前的孟子，雖然把楊朱、墨子的學說極端妖魔化為「洪水猛獸」，卻葆有著大禹治水式的因勢利導的大眼光、大境界、大氣魄。年輕一代的周作人與周遊列國見多識廣的前輩同鄉蔡元培以及先賢孟子的本質區別，就在於他學識不足、眼界不廣的心胸狹隘。他以消極劣敗的憂患心態把「過激派」及其群眾運動認定為「洪水猛獸」，顯然不是蔡元培所說的「舊派對付新派的好方法」。與蔡元培相容並包的大格局、大境界相比較，價值混亂、意志薄弱的周作人無論如何盲目掙紮，終其一生都沒有走

---

[12] 蔡元培：《洪水猛獸》，《新青年》7卷5號，1920年4月。

出以劣敗自居並且自憐自艾的棄兒怨婦情結，連同「紹興師爺」式的「反復顛倒無所不可」的刀筆根性。

到了1944年，已經投靠依附日本侵略當局的周作人，依然在裝模作樣地表白著自己「憂生憫亂」的「人情之常」：

> 孔子曰，仁者不憂，勇者不懼。吾儕小人誠不足與
> 語仁勇，唯憂生憫亂，正是人情之常。……鄙人是中國東
> 南水鄉的人民，對於水很有情分，可是也十分知道水的利
> 害，「小河」的題材即由此而出。古人云，民猶水也，水
> 能載舟，亦能覆舟。法國路易十四云，朕等死之後有洪水
> 來。其一戒懼如周公，其一放肆如隋煬，但二者的話其歸
> 趨則一，是一樣的可怕。[13]

由此看來，周作人的《小河》其實是對於他自己正面提倡的《人的文學》和《平民文學》的一種自我否定、自我顛覆。與周作人對於大多數的「民」既關心又憂懼的矛盾心理相印證，他的同胞兄長魯迅在《文化偏至論》中，曾經以新式宗教「神思新宗」的神聖名義，公開提倡過「用庸眾為犧牲」的「個人主義……超人之說」，由此而來的是一套尼采式的超人救世價值觀：「是非不可公於眾，公之則果不誠，政事不可公於眾，公之則治不郅。惟超人出，世乃太平。」[14]

加盟《新青年》同人團隊之後，尼采式超人依然是魯迅念

---

[13] 周作人：《苦茶庵打油詩·後記》，《雜誌》第14卷第1期，1944年10月。
[14] 魯迅：《文化偏至論》，原載1908年8月《河南》月刊第7號，署名迅行。見《魯
　　迅全集》第1卷，人民文學出版社，1981年，第52頁。

念不忘的核心話題之一種。直到晚年,魯迅才在《拿來主義》中一針見血地戳穿了尼采式「個人主義……超人之說」唯我獨尊反人類的瘋狂本質:「尼采就自詡過他是太陽,光熱無窮,只是給與,不想取得。然而尼采究竟不是太陽,他發了瘋。」[15]

第三節　新村運動的風行一時

1919年五四運動爆發期間,周作人正在東京探親。他於5月18日趕回北京,親眼見證了發生在6月3日的一場更大規模的遊行示威。6月11日,陳獨秀在北京南城散發傳單時被捕。6月14日下午,周作人與北大同事李辛白、王撫五等六人前往探監,遭到警方拒絕。

7月2日,周作人啟程赴日本迎接妻子兒女回國。7月6日上午,他從日本門司港乘坐火車前往日向福島町。7月7日下午,他抵達位於九州東南部宮崎縣日向兒湯郡大山深處的「新村」所在地福島町石河內村,享受到了入住武者小路實篤家中的特殊待遇。

所謂「新村」,是1918年由日本貴族作家武者小路實篤發起創辦的烏托邦空想社會主義之實驗區。武者小路是白樺派著名作家,他深受俄國作家托爾斯泰、陀思妥也夫斯基等人的影響,尤其佩服托爾斯泰晚年的「躬耕」生活。

1918年7月創刊的《新村》雜誌,標誌著日本新村運動的正式啟動。同年12月,武者小路在日向購買田地建立第一個「新村」,他的新村理想中既有消滅私有制以實現共產互助、無產大

---

[15] 魯迅:《拿來主義》,《魯迅全集》第6卷,第38頁。

同的一面，又有明確反對暴力革命的另一面。以救苦救難的貴族超人自居的武者小路，仇視所有日本左翼及無政府社會主義的活動，尤其是他們所主張的暴力革命。但是，到了1942年，武者小路的美麗聖潔、浪漫高蹈的超人觀念，偏偏與日本軍國主義的侵略宣傳同流合污，他在《大東亞戰爭之我觀》的小冊子中公然聲稱，所謂的大東亞戰爭是為了日本、為了全體亞洲人而與英美帝國主義進行對決的一場聖戰。

周作人早在1918年5月出版的《新青年》4卷5號中，就發表過一篇《讀武者小路君所作〈一個青年的夢〉》。根據周作人日記的相關記錄，他於1918年10月25日給日本《新村》雜誌寄去一年訂閱費一圓二十錢；11月6日，他收到新村本部於10月30日寄出的信件。11月9日，他收到新村本部於10月30日寄出的三冊雜誌和一份會員章程。

對於初創時期的新村運動來說，這份來自異國他鄉的關注和支持，具有巨大的激勵作用。在同年12月號的《新村》雜誌中，發表有武者小路的《短詩二十四》，其中第三首的開頭寫道：

> 一位支那人，
> 從支那訂閱《新村》，
> 這使我們愉快！
> 支那人啊！
> 在支那建立新村支部吧！[16]

---

[16] 董炳月：《周作人與〈新村〉雜誌》，《中國現代文學研究叢刊》，1998年第
2期。

周作人陸續收到《新村》雜誌後，專門以「仲密」的筆名寫作了中國大陸第一篇介紹日本新村運動的文章《日本的新村》，其中充滿感情地讚美新村運動的意義是「建設模範的人的生活」；新村運動的好處在於既「順了必然的潮流」，又可免「將來的革命」。像這樣既嚮往「社會主義」又畏懼「社會革命」的矛盾心理，其實是半新半舊的中國文化人，所面臨的最為糾結也最為嚴峻的一種人生悖論。[17]

　　1919年7月8日，周作人在武者小路陪同下在石河內村實地考察。7月11日，周作人在武者小路和松本長十郎陪同下離開「新村」。7月29日，周作人寫作《訪日本新村記》，盡情表達了自己參觀「新村」期間所懷抱的那種天堂淨土、精神家園般的朝聖情緒：

　　　　倘能明白人類共同存在的道理，獨樂與孤立是人間最大的不幸，以同類的互助與異類爭存，……才是正當的辦法，並耕合作，苦樂相共，無論那一處的人，即此便是鄰人，便是兄弟。……我在村中，雖然已沒有「敵國貴邦」的應酬，但終被當作客人，加以優待，這也就是歧視；若到田間工作，便覺如在故鄉園中掘地種花，他們也認我為村中一個工人，更無區別。這種渾融的感情，要非實驗不能知道；雖然還沒有達到「汝即我」的境地，但因這經驗，略得證明這理想的可能與實現的幸福，那又是我的極大喜悅與光榮了。[18]

17　周作人：《日本的新村》，《新青年》6卷3號，1919年3月。
18　周作人：《訪日本新村記》，《新潮》2卷1號，1919年10月30日。

在這篇文章的結束語中，周作人總結說：「我此次旅行，雖不能說有什麼所得，但思想上因此稍稍掃除了陰暗的影，對於自己的理想增加若干勇氣，都是所受的利益。」

1919年8月號的日本《新村》雜誌，幾乎辦成了「周作人新村訪問紀念號」。在該期「新會員」一欄裡有四名新會員的名字，第四名即為「中華民國北京大學文科周作人」。

在該期雜誌的「會計報告」一欄裡，有「二十口，周作人（支那）」的記載。「口」是新村計算入會金的單位，一圓算兩口，二十口就是十圓。

與此相對應，同年8月28日的周作人日記中，有「寄……武者小路函，金廿圓」的記錄。

大正九年即1920年的日本《新村》雜誌2月號，在「支部新設」欄目中公佈了北京支部的聯絡方式：「支那北京西直門內八道灣十一號、周作人方」；

「方」就是「收轉」的意思。在同期「會計報告」欄目中，另有「四十口，周作人（支那）」的記錄，可以與周作人1919年12月3日日記中記錄的「上午至郵局寄羽太函，武者小路函，各附金二十圓」相印證。

加上前面提及的「二十口」，周作人在半年多時間裡共交納會費三十元即六十口；相當於新村每個月全部預算二百五十圓的24%。對於起步階段的日向新村來說，堪稱是一筆鉅款。對於一向看重金錢的周作人來說，這三十元的鉅款幾乎是他一生當中僅有的一次大額捐款。

周作人對於日本「新村」的熱情謳歌，一度得到新文化運動參與者的廣泛支持。1919年8月17日，由胡適主編的《每週評

論》第35號以《再論問題與主義》為標題，刊登了李大釗從河北昌黎寫給他的同人來信，其中寫道：

> 最近日本武者小路氏等，在那日向地方，也組織了一個「新村」。……最近本社仲密先生自日本來信也說：「此次東行在日向頗覺愉快。」可見就是這種高談的理想，只要能尋一個地方去實驗，不把他作了紙上的空談，也能發生些工具的效用，也會在人類社會中有相當的價值。不論高揭什麼主義，只要你肯竭力向實際運動的方面努力去作，都是對的，都是有效果的。這一點我的意見稍與先生不同，但也承認我們最近發表的言論，偏於紙上空談的多，涉及實際問題的少，以後誓向實際的方面去作。[19]

李大釗這段話，是《新青年》同人對於「仲密」即周作人熱心宣傳日本「新村」實驗的最早回應。1919年12月18日，周作人把武者小路實篤寫給四幕反戰戲劇《一個青年的夢》的中文譯者魯迅的書信譯成中文，並且在「譯者附記」當中介紹說：

> 武者小路先生的《一個青年的夢》的譯本，在《新青年》上面，從七卷二號起，分四次登載。我寫信給武者先生時，說及此事，並問他對於住在中國的一部分的人類，有什麼意見，可以說說。承他特地寫了這一篇寄來，實在

---

19 李大釗：《再論問題與主義》，《李大釗全集》第3卷，河北教育出版社，1999年，第305-306頁。

很是感謝。本來我想請魯先生譯了，登在《青年的夢》的前面，但魯先生現在回南去了，要明年才得來京，所以便由我翻譯了。[20]

「魯先生」，就是以匿名隱身方式在《新青年》發表文章的教育部僉事周樹人即魯迅。從1919年8月2日開始，魯迅在同胞兄弟周作人和同鄉後學孫伏園的支持協助之下，著手翻譯武者小路實篤的《一個青年的夢》。由於魯迅已經在1919年12月1日啟程返回紹興老家，迎接母親魯瑞、妻子朱安以及其他家人到北京定居；也由於周作人不方便向武者小路及廣大讀者公開披露魯迅擔任教育部僉事的真實身分，由周作人翻譯的武者小路寫給魯迅的書信，便只好冠以《與支那未知的友人》的標題公開發表。

1919年12月20日，北大校長蔡元培應邀為《與支那未知的友人》的中文稿寫作了一段「附記」：「武者先生與他的新村同志，都抱了人道主義，決沒有日本人與中國人的界限，是我們相信的。就是別種新思潮的團體，如黎明會新人會等等，我們也信他決不贊成侵略主義的。不但這一類的人，就是現在盲從了他們政府，贊成侵略主義的人，也一定有覺悟的一日，真心與中國人攜手，同兄弟一樣。」

12月31日，《新青年》主編陳獨秀也在「附記」中寫道：「今天是一九一九年底最後一日，我希望全人類的姊妹弟兄們都把以前的舊夢打破，以前的汙濁、罪惡、羞辱，都隨著舊歲同時消滅，從明年明日起，大家總要真心接觸，隨著新年面目一新，

---

[20] [日本]武者小路實篤著、周作人譯：《與支那未知的友人》，《新青年》7卷3號，1920年2月。

不再將手去染血，都流額上的汗，不再借金錢為力，都委身於真理，把從前用在互相猜忌的力量，用在互相幫助做人類有益的事！」

魯迅翻譯的武者小路實篤之反戰戲劇《一個青年的夢》第一幕，刊登在1920年1月1日出版的《新青年》7卷2號。周作人翻譯的《與支那未知的友人》的中文稿，連同他自己的「譯者附記」以及蔡元培、陳獨秀的「附記」，一起刊登在1920年2月出版的《新青年》7卷3號。隨著「新村」北京支部的設立和新村運動的風行一時，周作人很快成為繼陳獨秀、胡適之後又一位新文化運動的明星人物。

查閱《周作人日記》，1920年1月23日有「工學互助團孟君持仲甫函來訪屬明日講演」的記錄。4月7日又有「毛澤東君來訪」的記錄。

4月17日，周作人在日記中寫道：「往大學，下午二時返。得長島十二日函。新潮社同日片。」

4月18日，周作人在日記中寫道：「下午蔡曉舟君持蔡先生片來訪，談新村事。」

4月19日，周作人在日記中寫道：「晴。上午至日郵局，寄武者君《新青年》一冊。往校得《新青年》五號十本。……得志希函議印小說集《點滴》事。」

4月20日，周作人在日記中寫道：「致志希函，送去稿本一冊。……往校，下午返。」

4月21日，周作人在日記中寫道：「伏園交來《旅俄六周見聞記》一本。」

4月25日，周作人在日記中寫道：「晴，下午同母親大哥及

豐一至農事試驗場，四時返。傍晚至東興樓同百年、玄同為君默餞行，同座幼漁、叔平、季明、夷初、遏先、士遠共十人，十時半返。⋯⋯致志希函。入浴。」

4月28日，周作人在日記中寫道：「晴。上午⋯⋯伏園來。得守常函。又工讀第四組函。⋯⋯下午往大學訪守常，以新村紹介函交徐彥之君，五時返。」

4月30日，周作人在日記中寫道：「晴，上午托重君寄新潮社金五元。」

周作人日記中的「大學」即北京大學，「蔡先生」即蔡元培，「仲甫」即陳獨秀，「孟君」即孟壽椿，又寫作孟壽春，當時是一名北大學生，同時又是少年中國學會的會計股主任、北大學生刊物《新潮》的主要編輯、北京工讀互助團的主要發起人。

1918年6月30日，王光祈、陳愚生、張尚齡、周太玄、曾琦、雷寶菁等人共同發起成立「少年中國學會」。同年8月19日，北大倫理學教授楊昌濟在湖南省立第一師範學校任教期間的學生毛澤東，為促成湖南青年學子赴法國勤工儉學來到北京，由楊昌濟推薦給李大釗擔任月薪8元的圖書館臨時職員。第一次來到北京的毛澤東，很快加入「少年中國學會」，與王光祈、陳愚生、張尚齡、周太玄、曾琦、雷寶菁、李大釗、張申府、孟壽椿、惲代英、鄧中夏、楊賢江、高君宇、李達、黃日葵、繆伯英、蔡和森、向警予、趙世炎、張聞天、劉仁靜、許德珩、徐彥之、左舜生、李璜、余家菊、陳啟天、何魯之、康白情、田漢、朱自清、宗白華等人成為會友。

1919年4月6日，毛澤東經上海返回長沙。在周作人宣導的日本新村運動影響下，毛澤東專門起草了新村建設計畫書，初步設

想在湖南嶽麓山建立一個半工半讀、平等友愛的新村基地，希望通過創造新學校，實行新教育，讓學生們在農村半工半讀，再由這些新學生創造新家庭，把若干個新家庭合在一起，就可創造一種新社會。

正是基於思想觀念上的趨同，當年的蔡元培、陳獨秀、李大釗等人，都是「新村」實驗的熱情贊助者。對於風行一時的新村運動表現出較大興趣的陳獨秀、李大釗、張申府、惲代英、瞿秋白、毛澤東、蔡曉舟、鄧中夏、高君宇、李達、黃日葵、蔡和森、向警予、趙世炎、張聞天、劉仁靜等人，隨後變成了中國共產黨的創始人；第一個提倡新村運動的周作人，反而逐步退縮到「自己的園地」之中顧影自憐、孤芳自賞。這種歷史性的吊詭，是很值得後人深入探究的。

第四節　胡適批評新村運動

風行一時的新村運動在得到蔡元培、陳獨秀、李大釗、毛澤東等人熱烈響應的同時，也遭到胡適、魯迅當頭棒喝式的質疑批評。

1919年11月8日，周作人應邀在天津學生聯合會學術講演會上演講《新村的精神》。

1920年1月3日，胡適在天津學生聯合會學術講演會上發表標題為《非個人主義的新生活》的演講，所針對的就是周作人此前演講的《新村的精神》。其中先引述了杜威1月2日晚上在天津青年會的演講稿：

先說什麼叫做「個人主義」（individualism）。一月二日夜（就是我在天津講演前一晚），杜威博士在天津青年會講演「真的與假的個人主義」，他說：個人主義有兩種：（1）假的個人主義——就是為我主義（egoism），他的性質是自私自利：只顧自己的利益，不管群眾的利益。（2）真的個人主義——就是個性主義（individuality），他的特性有兩種：一是獨立思想，不肯把別人的耳朵當耳朵，不肯把別人的眼睛當眼睛，不肯把別人的腦力當自己的腦力；二是個人對於自己思想信仰的結果要負完全責任，不怕權威，不怕監禁殺身，只認得真理，不認得個人的利害。[21]

胡適認為，日本的新村運動代表著第三種「很受人崇敬」因而也「格外危險」的個人主義，即變相隱居的「獨善的個人主義」。作為對比，胡適正面介紹了「英美近二三十年來」的「貧民區域居留地」（Social Settlements）運動。這種社會改良運動由一些大學畢業生主動發起，他們在最落後的貧民區購置一塊地皮，建造一所房屋，專門用來為周邊的窮人提供全方位的教育普及和公共服務。胡適由此得出的結論是：

這種生活是我所說的「非個人主義的新生活」！是我所說的「變舊社會為新社會，變舊村為新村」的生活！這

---

[21] 胡適：《非個人主義的新生活》，原載1920年1月15日上海《時事新報》，又載1920年4月《新潮》第2卷第3號。見歐陽哲生編《胡適文集》第2卷，第564-572頁。

也不是用「暴力」去得來的！我希望中國的青年要做這一
類的新生活，不要去模仿那跳出現社會的獨善生活。我們
的新村就在我們自己的舊村裡！我們所要的新村是要我們
自己的舊村變成的新村！

　　必須明確指出的是：胡適所說的「非個人主義」，其實是與
現代工商契約及民主憲政社會的文明觀念和價值譜系恰好相反的
一種偽劣概念；或者說是他對於中國傳統的家族農耕及君權專制
社會從來不肯明確承認個體人權尤其是私有財產和私人財富之正
當權利的天下為公、無私大同、重農輕商、重義忘利的前文明觀
念的一種無意識傳承。像這樣的「非個人主義」，事實上是對於
杜威所說的「真的個人主義」，也就是胡適1930年之後所採用的
「健全的個人主義」的一種釜底抽薪的架空虛置、抽象解構；胡
適自己此後很少使用這一概念。

　　1920年1月1日出版的《新青年》7卷2號，在刊登魯迅翻譯的
武者小路實篤之反戰戲劇《一個青年的夢》第一幕和周作人《新
村的精神》的同時，還刊登有一組北京工讀互助團的消息。其中
的《工讀互助團募款啟事》的落款處，列舉了十七位發起人的名
單，依次為：李大釗、陳獨秀、蔡元培、胡適、周作人、顧兆
熊、陳溥賢、王星拱、高一涵、張崧年、程演生、陶履恭、李辛
白、孟壽春、徐彥之、羅家倫、王光祈。

　　三個月後，胡適在《新青年》7卷5號發表《工讀主義試行的
觀察》，針對「工讀主義」提出否定意見：

　　　　我也是北京發起人之一，但我是見慣半工半讀的學生

生活的，覺得「工讀主義」乃是極平平無奇的東西，用不
著掛什麼金字招牌。我當初對於這種計畫很表示贊成，因
為中國學生向來瞧不起工作，社會上也瞧不起作工的人，
故有了一種掛起招牌的組織也許可以容易得到工作，也許
還可以打破一點輕視工人的心理。簡單說來，我當時贊成
這種有組織的工作，是因為我希望有了組織可使工讀容易
實行。我希望用組織來說明那極平常的工讀主義，並不希
望用這種組織來「另外產生一種新生活新組織」。

基於北京工讀互助團的實際情況──「（1）工作的時間太
多，──每人七時以上，十時以下──只有工作的時間，沒有
做學問的機會。（2）做的工作，大都是粗笨的，簡單的，機械
的，不能引起做工的人的精神上的反應。只有做工的苦趣，沒有
工讀的樂趣。」──胡適給出的忠告是：

> 我以為提倡工讀主義的人，與其先替團員規定共產互
> 助的章程，不如早點替他們計畫怎樣才可以做自修的學問
> 的方法。自修的條件很不容易：（1）參考的書籍雜誌，
> （2）肯盡義務的學者導師，（3）私家或公家圖書館的優
> 待介紹，（4）便於自修的居住（北京互助團的公開生活
> 是不適於自修的），（5）要求良好學校的旁聽權。此外
> 還有一個絕對不可少的條件：謀生的工作每日決不可過四
> 小時。如不能做到這些條件，如不能使團員有自修求學的
> 工夫，那麼，叫他泛勞動主義也罷，叫他新組織也罷，請
> 不要亂掛「工讀主義」的招牌！

1920年4月9日,《北京大學日刊》刊登胡適、李大釗、徐彥之共同簽名的《介紹學生工作》:「現在有一些學生想實行半工半讀的主義,用他們的努力來幫助他們求學的費用。各機關的各位先生,若有學生能做的事,無論短工長工,都請通知下面簽名的三個人,並請說明工作的種類和工錢的數目,我們可以介紹相當的人來接洽。」

1920年5月22日上午,胡適在日程表中留下了他慷慨解囊贊助青年學生半工半讀的確鑿證據:「楊璠女士為工讀第三組借去一百貳十元。」

對於個人來說,當年的120元是一筆鉅款,相當於李大釗擔任北大圖書館主任的一個月薪金。遍查魯迅和周作人的日記,其中的公益捐款及借款大多是個位數,十位數的10元、20元就極其罕見。

胡適注重的是解決一個又一個的現實問題,而不是空喊「根本解決」所謂「根本問題」的什麼「主義」。無論是什麼樣的「主義」,都無法繞開這樣一個既簡單又永恆的真實困境:只要人類存活下去,人類社會需要解決的各種各樣的個人問題和公共問題,將永遠存在下去。「根本解決」所謂「根本問題」的一勞永逸,註定是自欺欺人的虛假騙局。

第五節　來自魯迅的激烈質疑

1919年8月2日,魯迅在日記裡寫道:「大學遣工送二弟之六月下半月薪水百廿。午後往西直門內橫橋巡警分駐所問屋事。晚

子佩來談。開譯《一個青年的夢》。」[22]

通讀《魯迅全集》，以1919年8月2日落款的《〈一個青年的夢〉譯者序》，是他最具人道理想和人性溫暖的一篇文字：

> 《新青年》四卷五號裡面，周起明曾說起《一個青年的夢》，我因此便也搜求了一本，將他看完，很受些感動：覺得思想很透徹，信心很強固，聲音也很真。我對於「人人都是人類的相待，不是國家的相待，才得永久和平，但非從民眾覺醒不可」這意思，極以為然，而且也相信將來總要做到。現在國家這個東西，雖然依舊存在；但人的真性，卻一天比一天的流露：歐戰未完時候，在外國報紙上，時時可以看到兩軍在停戰中往來的美譚，戰後相愛的至情。他們雖然蒙在國的鼓子裡，然而已經像競走一般，走時是競爭者，走了是朋友了。[23]

但是，比起魯迅所說「兩軍在停戰中往來的美譚，戰後相愛的至情」的表面現象，歐美近現代工商契約及民主憲政社會當中最值得中國人學習仿效的，是以人為本的個人自由、甲乙平等、法治民主、限權憲政、大同博愛、自然和諧的價值要素和價值譜系，以及由此而來的科學理性的方法路徑、技術手段。與習慣於紙上談兵而缺乏行政操作能力的魯迅、周作人、陳獨秀、胡適等人相比較，清朝末年的部分政府官員，對於歐美近現代工商契約及民主憲政社會的觀察理解，反而表現得更加切實也更加清醒。

22　《魯迅全集》第14卷，第363頁。
23　《魯迅全集》第10卷，第192頁，周起明即周作人。

1905年12月19日，由清政府的戶部左侍郎戴鴻慈、湖南巡撫端方領銜帶隊的立憲考察團隊，從上海啟程前往美、德、義大利、奧地利等國。善於觀察的戴鴻慈，在日記中明確肯定了美國社會公私分明的憲政法理：議院中的議員們「恒以正事抗論，裂眥抵掌，相持未下，及議畢出門，則執手歡然，無纖芥之嫌。蓋尤其於公私之界限甚明，故不此患也。」[24]

　　關於英國議員在虛君共和、君主立憲的制度框架內部所進行的議會鬥爭，戴鴻慈的理解是：「議員分為政府黨與非政府黨兩派。政府黨與政府同意，非政府黨則每事指駁，務使折中至當，而彼此不得爭執。誠所謂爭公理、不爭意氣者，亦法之可貴者也。」

　　曾經留學日本的魯迅，從來沒有像戴鴻慈以及《新青年》同人團隊中的蔡元培、胡適、陶孟和那樣，腳踏實地地親身體驗過歐美近現代工商契約及民主憲政社會的真實樣貌，反而在發表於1908年的長篇論文《文化偏至論》和《破惡論》中，全盤否定了歐美工商契約及民主憲政社會的價值要素和制度規則。沿著《文化偏至論》和《破惡論》所主張的「是非不可公於眾，公之則果不誠，政事不可公於眾，公之則治不郅。惟超人出，世乃太平」的暗箱邏輯走下去，魯迅在1919年8月7日致錢玄同信中，寫下了這樣一段暗箱謀略：「仲密寄來《訪新村記》一篇，可以登入第六期內。但文內幾處，還須斟酌，所以應等他到京再說。他大約十日左右總可到，一定來得及也。特此先行通知。又此篇決不能倒填年月，登載時須想一點方法才好。」[25]

---

[24] 戴鴻慈：《出使九國日記》，第85、111頁，湖南人民出版社，1982年。
[25] 魯迅致錢玄同信，《魯迅全集》第11卷，第366頁。

與此相印證，魯迅在前一天即8月6日的日記中寫道：「得二弟信，七月廿八日發，又《訪新村記》稿十三枚，卅一日發。」

周作人訪問日向「新村」的時間是7月7日至7月11日。8月3日，周作人與妻子羽太信子、妻弟羽太重久、兒子豐一、女兒靜子、若子一行人從日本啟程回國，於8月10日抵達北京，入住紹興縣館隔壁的曹姓住宅。

按照原定計劃，由沈尹默負責編輯的《新青年》6卷6號應該於1919年6月出版，這期刊物實際上是由錢玄同代替沈尹默組稿編輯的，並且拖延到8月6日還沒有截稿。在不能按時出版的情況下，《新青年》雜誌一直是採用倒填日期的辦法應付和欺騙廣大讀者的。其最為明顯的例證，是《新青年》5卷5號出版頁上標明的日期是1918年11月1日，其中刊載的《「每週評論」出版廣告》中，竟然出現「每逢星期日出版一次，第一次已於十二月廿二日出版」的廣告語。正是因為魯迅意識到周作人在日本探親訪問的日期不能夠隨意改寫，才明確表示倒填日期的辦法不適合於《訪日本新村記》在《新青年》雜誌公開發表。

1920年10月10日，魯迅的短篇小說《頭髮的故事》刊登在上海《時事新報》的「學燈」副刊。不久前還在《隨感錄六十二》中嘲笑「恨恨而死」的「恨人」，並且在《〈一個青年的夢〉譯者序》中熱情謳歌人類大同的魯迅，卻藉著「恨人」N先生之口，吶喊出激烈否定「黃金時代」的另一種聲音：

> 「現在你們這些理想家，又在那裡嚷什麼女子剪髮了，又要造出許多毫無所得而痛苦的人！
>
> 「現在不是已經有剪掉頭髮的女人，因此考不進學校

去，或者被學校除了名麼？

「改革麼，武器在那裡？工讀麼，工廠在那裡？

「仍然留起，嫁給人家做媳婦去：忘卻了一切還是幸福，倘使伊記著些平等自由的話，便要苦痛一生世！

「我要借了阿爾志跋綏夫的話問你們：你們將黃金時代的出現豫約給這些人們的子孫了，但有什麼給這些人們自己呢？」[26]

　　魯迅雖然沒有直接指出周作人提倡的新村運動是一種自欺欺人的黃金夢想，他對於包括新村運動、工讀互助團在內的所有不切實際從事共產互助之烏托邦實驗的質疑否定，卻是明確無誤的。比起胡適的公開發難，同居一處的同胞兄長魯迅的當頭棒喝，對於周作人具有更加巨大的衝擊力和殺傷力，在某種程度上為1923年7月18日的兄弟絕交，埋下了伏筆。

　　1923年12月26日，已經兄弟絕交的魯迅，在北京女子高等師範學校文藝會講中公開演講《娜拉走後怎樣》，他所質疑否定的依然是包括新村運動、工讀互助團在內的烏托邦主義的美好夢想：

　　阿爾志跋綏夫曾經借了他所做的小說，質問過夢想將來的黃金世界的理想家，因為要造那世界，先喚起許多人們來受苦。他說，「你們將黃金世界預約給他們的子孫了，可是有什麼給他們自己呢？」

　　有是有的，就是將來的希望。但代價也太大了，為了

---

[26]　魯迅：《頭髮的故事》，《魯迅全集》第1卷，第465頁。

這希望，要使人練敏了感覺來更深切地感到自己的苦痛，叫起靈魂來目睹他自己的腐爛的屍骸。惟有說謊和做夢，這些時候便見得偉大。[27]

在接下來的一段話中，魯迅採用生動形象的經典話語，回應了圍繞著「問題與主義」發生在胡適與李大釗、周作人等人之間的連環論爭：

> 要求經濟權固然是很平凡的事，然而也許比要求高尚的參政權以及博大的女子解放之類更煩難。天下事盡有小作為比大作為更煩難的。譬如現在似的冬天，我們只有這一件棉襖，然而必須救助一個將要凍死的苦人，否則便須坐在菩提樹下冥想普度一切人類的方法去。普度一切人類和救活一人，大小實在相去太遠了，然而倘叫我挑選，我就立刻到菩提樹下去坐著，因為免得脫下唯一的棉襖來凍殺自己。所以在家裡說要參政權，是不至於大遭反對的，一說到經濟的平勻分配，或不免面前就遇見敵人，這就當然要有劇烈的戰鬥。……但人不能餓著靜候理想世界的到來，至少也得留一點殘喘，正如涸轍之鮒，急謀升斗之水一樣，就要這較為切近的經濟權，一面再想別的法。

在現代工商契約及民主憲政社會裡，能夠稱得上「根本」的，只有每一位主體個人的本體本位。在以人為本的前提之下，

---

27 魯迅：《娜拉走後怎樣》，《魯迅全集》第1卷，第158-164頁。

只要有活生生的個人存在，就會不間斷地湧現出各種各樣的社會矛盾和社會問題。連自己以及周圍人等最低限度的生存發展都不能夠加以解決的工讀互助團及新村運動的參與者，卻幻想著救國救民、普度眾生的「根本解決」，像這樣的「根本解決」，說到底只是魯迅所描述的阿Q式的自欺欺人的精神勝利，以及魯迅所謂的夢醒了無路可走的絕望掙扎。

1922年6月，胡適在為《努力週刊》寫作的《這一周》中，再一次回應了李大釗在《再論問題與主義》中所推崇的俄國革命式的「根本解決」：

> 我們是不承認政治上有什麼根本解決的。世界上兩個大革命，一個法國革命，一個俄國革命，表面上可算是根本解決了，然而骨子裡總逃不了那枝枝節節的具體問題；雖然快意一時，震動百世，而法國與俄國終不能不應付那一點一滴的問題。我們因為不相信根本改造的話，只信那一點一滴的改造，所以我們不談主義，只談問題。……只存一個「得尺進尺，得寸進寸」的希望，然後可以冷靜地估量那現實的政治上的變遷。[28]

在魯迅眼裡，胡適所提倡的娜拉出走式的「易卜生主義」，也就是主體個人在社會生活中積極主動地謀求個人自由、甲乙平等、法治民主、限權憲政之類公私權利的「健全的個人主義」，在中國社會也同樣是沒有出路的。關於這一點，他在《娜拉走後

---

[28] 胡適：《這一周》，原載1922年6月18日《努力》第7號。見歐陽哲生編《胡適文集》第3卷，第401頁。

怎樣》中回應說：「但從事理上推想起來，娜拉或者也實在只有兩條路：不是墮落，就是回來。……還有一條，就是餓死了，但餓死已經離開了生活，更無所謂問題，所以也不是什麼路。」

　　與親眼見證過美國社會的文明進步的胡適，努力於「得尺進尺，得寸進寸」的自我健全和社會進步不同，自以為夢醒了無路可走的虛無絕望的魯迅，所選擇的是阿爾志跋綏夫筆下的"工人綏惠略夫"的憤世嫉俗、否定一切：「要救群眾，而反被群眾所迫害，終至於成了單身，忿激之餘，一轉而仇視一切，無論對誰都開槍，自己也歸於毀滅。」[29]

　　1926年10月14日，熱戀中的許廣平在寫給魯迅的「兩地書」中調侃道：「記得張競生之流發過一套偉論，說是人都提高程度，對於一切，都鮮花美畫一般，欣賞之，願公顯於眾，自然私有之念消，可惜世人未能領略張輩思想，你何妨體念一下？」[30]

　　10月20日，時任廈門大學教授的魯迅推心置腹地表白說：「至於張先生的偉論，我也很佩服。我若作文，也許這樣說的。但事實怕很難，我若有公之於眾的東西，那是自己所不要的，否則不願意。以己之心，度人之心，知道私有之念之消除，大約當在二十五紀……」[31]

　　直到晚年，從來沒有相信過「私有之念之消除」的共產互助之人類大同的魯迅，在遺囑式文章《死》裡面再一次寫下阿爾志跋綏夫式的仇恨話語：「讓他們怨恨去，我也一個都不寬恕。」魯迅去世之後，在許廣平、周建人等人的積極配合之下，從來沒

---

[29] 魯迅致許廣平，《兩地書》原信四，1925年3月18日。《兩地書全編》浙江文藝出版社，1998年，第398頁。

[30] 許廣平致魯迅，《兩地書全編》，第501頁。

[31] 魯迅致許廣平，《兩地書全編》，第507頁。

有相信過「私有之念之消除」的魯迅，卻被處於非法的地下狀態的中國共產黨成功地樹立成為服從共產黨的英明領導、認同所謂的共產主義革命事業的第一位的文化偶像。

第六節　新村夢想的退潮幻滅

　　胡適和魯迅關於新村運動及工讀互助團的批評意見，從一個側面揭示了《新青年》同人在價值觀念和路徑選擇方面的嚴重分歧。關於《新青年》同人短暫合作後的分道揚鑣，魯迅在《〈自選集〉自序》中給出的經典敘述是：

　　　　後來《新青年》的團體散掉了，有的高升，有的退隱，有的前進，我又經驗了一回同一戰陣中的夥伴還是會這麼變化，並且落得一個「作家」的頭銜，依然在沙漠中走來走去，不過已經逃不出在散漫的刊物上做文字，叫作隨便談談。[32]

　　1958年5月4日，時任臺灣中央研究院院長的胡適，在文藝協會第九屆年會發表紀念五四運動39周年的主題演講《中國文藝復興運動》，其中專門談到魯迅、周作人兄弟的文學成就：

　　　　我們那時代一個《新青年》的同事，他姓周，叫做周豫才，他的筆名叫魯迅，他在我們那時候，他在《新青

---

[32] 魯迅：《〈自選集〉自序》，《魯迅全集》第4卷，第456頁。

第一章　胡適與周作人的進退之爭　061

年》時代是個健將，是個大將。我們這班人不大十分作創
作文學，只有魯迅喜歡弄創作的東西，他寫了許多《隨感
錄》、《雜感錄》，不過最重要他是寫了許多短篇小說。
他們弟兄是章太炎先生的國學的弟子，學的是古文。所以
他們那個時候（在他們復古的時期，受了章太炎先生的影
響最大的時期），用古文，用最好的古文翻譯了兩本短篇
小說，《域外小說集》。《域外小說集》翻得實在比林琴
南的小說集翻得好，是古文翻小說中最了不得的好，是地
道的古文小說。……等到後來我們出來提倡新文藝時，他
們也參加了這個運動，他們弟兄的作品，在社會上成為一
個力量。但是，魯迅先生不到晚年——魯迅先生的毛病喜
歡人家捧他，我們這般《新青年》沒有了，不行了；他要
去趕熱鬧，慢慢走上變質的路子。[33]

　　單就意志薄弱的周作人來說，他在新村運動的曇花一現、風
行一時的熱情亢奮背後，所隱藏的是根深蒂固的新瓶裝舊酒、換
湯不換藥的劣勢憂患。他在回應文章《新村運動的解說——對於
胡適之先生的演說》中，所給出的是既強詞奪理又空洞乏力的無
效辯解：古代隱士的「歸隱、躬耕只是他們消極的消遣」，而新
村運動則是「積極的實行他們泛勞動的主義」。[34]
　　1920年12月17日，周作人在《新村的討論（答黃紹谷的
信）》中，開始由曇花一現的宗教性狂熱轉變為普通正常人的常

---

[33] 胡適：《中國文藝復興運動》，引自中國社會科學院近代史研究編選《五四運動
　　回憶錄》上冊，中國社會科學出版社，1979年3月，第172頁。
[34] 北京《晨報》第七版，1920年1月24日。

識理性:「新村是一種平和的社會改造的辦法,在我們思想感情相近的一部分人,很贊成他,以為是最適合的路,但往自由去的路原有好幾條,有人以為別條路更為適合的,可以請他們自己走去,不必彼此相強,因為世上本沒有唯一的正確的道路。」[35]

1920年12月26日,周作人的肋膜炎發作。1921年4月16日,病情惡化入住山本醫院的周作人,在《歧路》詩中訴說著自己無路可走的劣勢憂患:

> 我不能決定向哪一條路去,
> 只是睜了眼望著,
> 站在歧路的中間。

6月5日,周作人在寫給《晨報副刊》編輯孫伏園的《山中雜信(一)》中,更加坦誠地表白了自己意志薄弱、無所適從的劣勢憂患:

> 我近來的思想動搖與混亂,可謂已至其極了,托爾斯泰的無我愛與尼采的超人,共產主義與善科學,耶佛孔老的教訓與科學的例證,我都一樣的喜歡尊重,卻又不能調和統一起來,造成一條可以行的大路。我只將這各種思想,凌亂的堆在頭裡,真是鄉間的雜貨店了。[36]

1922年4月10日,周作人在《思想界的傾向》中寫道:「我

---

[35] 《批評》第五號即「新村號」,1920年12月26日。
[36] 《晨報副鐫》,1921年6月7日,署名仲密。

看現在思想界的情形推測將來的趨勢，不禁使我深抱杞憂，因為據我看來，這是一個國粹主義勃興的局面，他的必然的兩種傾向是復古與排外，……不出兩年大家將投身於國粹，著古衣冠，用古文字，制禮作樂，或參禪煉丹，或習技擊，或治乩卜，或作駢律，共臻東方文化之至治。」[37]

胡適看到這篇文章後，以Q・V的筆名寫作商榷文章《讀仲密君的〈思想界的傾向〉》，以他的「充分世界化」的「健全的個人主義」的樂觀自信表示說：「我覺得仲密君未免太悲觀了。……我們不能叫梅、胡諸君不辦《學衡》，也不能禁止太炎先生的講學。我們固然希望新種子的傳播，卻也不必希望胡椒變甜，甘草變苦。……文學革命若禁不起一個或十個百個章太炎的講學，那還成個革命軍嗎？」[38]

1925年8月10日，周作人在他自己主編的《語絲》週刊發表《代快郵——致萬羽的信》，幾乎是全盤否定了「五四運動」：「五四運動以來的民氣作用，有些人詫為曠古奇聞，以為國家將興之兆，其實也是古已有之，漢之黨人，宋之太學生，明之東林，前例甚多，照現在情形看去與明季尤相似；門戶傾軋，驕兵悍將，流寇，其結果——總之不是文藝復興！……中國人如沒有自批巴掌的勇氣，一切革新都是夢想。」

到了《知堂回想錄》中，晚年周作人談到自己五四時期曾經高調宣導的完全不具備創新價值的「新村」實驗時，所提供的依然是蒼白空洞的模糊解釋：

---

[37] 原載1922年4月23日《晨報副鐫》，署名仲密。見周作人著、止庵校訂《談虎集》，河北教育出版社，2002年，第88-89頁。

[38] 原載1922年4月24日《晨報副鐫》，署名Q・V。見周作人著、止庵校訂《談虎集》，第89-92頁。

我們無妨總結的斷一句說，這「新村」的理想裡面確實包含著宗教的分子，不過所信奉的不是任何一派的上帝，而是所謂人類，反正是空虛的一個概念，與神也相差無幾了。普通空想的共產主義多是根據托爾斯泰的無抵抗主義，相信人性本善，到頭終有覺悟的一天，這裡武者小路更稱共產主義的生活乃是人類的意志，雖然還是有點渺茫，但總比說是神意要好得多。[39]

隨著「反正是空虛的一個概念」的新村夢想，像五彩繽紛的肥皂泡一樣一觸即破，周作人很快退回到中國傳統名士顧影自憐、孤芳自賞、消極無為、自欺欺人的歸隱之路。借用他當年寫在《訪日本新村記》中的話說，他在思想上又回歸了訪問新村之前的「陰暗的影」。

與周作人風行一時的新村夢想同步破滅的，還有他的人道主義的文學夢想。事過境遷，周作人一再表達對於《新青年》時代高調空洞甚至於極端絕對的相關表現的追悔否定：

在《藝術與生活‧自序一》中，周作人寫道：「一個人在某一時期大抵要成為理想派，對於文藝與人生抱著一種什麼主義。我以前是夢想過烏托邦的，對於新村有極大的憧憬，在文學上也就有些相當的主張。……以前我似乎多喜歡那邊所隱現的主義，現在所愛的乃是那藝術與生活自身罷了。」[40]

---

[39] 周作人著《知堂回想錄》下冊，河北教育出版社，2002年，第447頁。

[40] 《藝術與生活‧自序一》，落款時間為1926年8月10日，原載上海群益書社1931年2月版《藝術與生活》。見周作人著、止庵校訂《藝術與生活》，河北教育出版社，2002年，第1-2頁。

《藝術與生活‧自序二》中，周作人進一步表白說：「我本來是無信仰的，不過以前還憑了少年的意氣，有時候要高談闊論地講話，亦無非是自騙自罷了。近幾年來卻有了進步，知道自己的真相，由信仰而歸於懷疑，這是我的『轉變方向』了。」[41]

　　「新村運動」的路徑迷失，直接導致周作人自相矛盾的既自我膨脹又意志消沉，隨後便發生了《語絲》週刊時代針對有恩於他的蔡元培、胡適、蔣夢麟，以及比他更加優秀的陳源、徐志摩、王世杰、唐有壬等英美派人士黨同伐異的反噬攻擊，直至日本侵華期間半推半就的賣身投靠。意志消沉以至於精神墮落的周作人，在晚年寫作的《知堂回想錄》中，依然在採用「紹興師爺」的刀筆手段，從事著「反復顛倒無所不可」的造謠說謊……

　　需要補充的是，位於日本宮崎縣日向郡福島町石河內村的「新村」，在昭和十四即1939年因修建水庫被淹沒了部分土地。武者小路實篤帶領「新村」會員搬遷到東京近郊的埼玉縣毛呂山町。一直到1956年，「新村」都是依賴武者小路的版稅收入和像周作人這樣的村外會員交納的會費維持運轉的。1956年之後的自給自足，其實就相當於自生自滅。如今的毛呂山町「新村」的20多名駐村會員中，年齡大都在70歲以上，只有少數幾位40歲以下的青壯年。像這樣明顯背離現代工商契約及民主憲政社會以人為本的個人自由、甲乙平等、法治民主、限權憲政、大同博愛、自然和諧的價值要素和價值譜系，同時也遠離社會化擴大再生產和社會化大分工的「新村」實驗，無論如何都不可能像武者小路以

---

[41] 《藝術與生活‧自序二》，寫作於1930年6月30日。引自張菊香、張鐵榮編著《周作人年譜》，天津人民出版社，2000年，第404頁。

及周作人盲目鼓吹過的那樣，通過健全完善部分會員的人性美德，便可以拯救全人類。

話又說回來，曇花一現的新村運動雖然像光彩奪目的肥皂泡沫那樣一觸即破，諸如此類新瓶裝舊酒、換湯不換藥的烏托邦運動，作為一種根深蒂固的集體無意識，依然持續不斷地影響著頑固滯留在前文明的家族農耕及極權專制社會的某些特色族群的前途命運。當今的中國大陸，還遠遠沒有走出所謂的共產主義革命事業所鋪墊造就的無視個體人權尤其是私有財產的無私共產的奴役之路。

第二章
胡適與馬敘倫的相互指責

　　安徽籍北京大學教授胡適與浙江籍北京大學教授馬敘倫，在持續不斷的學界及政界風潮當中，長期處於既有所合作又尖銳對立的當事雙方。兩個人相互指責的文字記錄，既展現了各自的精神面貌，也濃縮了那個時代的風雲變幻。

第一節　錢玄同筆下的馬敘倫

　　馬敘倫，字彝初，後改字夷初，號石翁、寒香、石屋山人、石屋老人，1885年4月27日出生於杭州府仁和縣一個士大夫家庭。1949年之前，他長期擔任北大教授，並且先後三次出任教育部次長。1949年之後，他又先後擔任教育部長和高教部長，是政學兩界左右逢源的一位傳奇人物。

　　1919年1月，北大學生領袖傅斯年在新創刊的《新潮》1卷1號發表《出版界評：馬敘倫著〈莊子箚記〉》一文，其中寫道：

　　　　馬先生作此箚記僅備自身修業之資，記者不特不敢致其平議，且將頌為精勤。今馬先生竟刊而布之，又示學生以購而習之，又於敘目中施炎炎之詞，固以著作自負矣，

則記者當然以著述之道待之。……先生書中，有自居創獲之見，實則攘自他人，而不言所自來者，例如，卷十八，五至八頁，釋「種有幾，……萬物皆出於機，皆入於機」一節，所有勝義，皆取自胡適之先生《中國哲學史大綱》第九篇第一章七八兩頁。……考前人未有為此說者，胡先生此講義，印於去冬，馬先生《莊子箚記》，刊於今夏。同教一堂，不得云未見，見而不言所自來，似為賢者所不取也。

所謂「炎炎之詞」，指的是馬敘倫在學術著作《莊子箚記》中抄襲胡適的學術觀點卻不肯注明出處，反而誇大其詞地自我表揚說：「僕既略涉『六書』，粗探內典，籀諷本書，遂若奧衍之辭，隨目而疏，隱約之義，躍然自會。」

1月11日上午，錢玄同到北大上課時見到剛剛面世的《新潮》創刊號，便在當天日記中給予肯定：「大學生所辦之《新潮雜誌》第一冊已出版，中以傅孟真、羅志希兩君之文為最有精神。傅評馬夷初之《莊子箚記》，羅評林琴南之譯小說，都說的很對。」[1]

1919年年底，浙江省政府及教育廳以「非孝、非孔、公妻、共產」等罪名，查辦省立第一師範學校學生施存統（複亮）及教員陳望道、夏丐尊、劉大白等人，該校校長經亨頤因拒絕查辦而被撤職，從而激起一場風潮。時任北大教授兼總務長的蔣夢麟受蔡元培等人委託，專程南下調解此事，並於1920年4月12日在寫給胡適的書信當中介紹說：

---

[1]　《錢玄同日記》影印本第4卷，福建教育出版社，2002年，第1725頁。

現在我調停，派姜琦做校長，學生全體通過，很為滿意。我已寫一封長信給蔡先生，請你向他取讀，就知道詳細的情形。我明日回滬，須留五六天才能返京，因杭事恐另有變化，故不得不緩行北來。北大有兄及夷初在，我可放心。還有方豪等已出獄，可幫忙，想無要事發現出來。仲甫已談過，他說工讀互助團的毛病，是辦理不好，非本身不好。[2]

繼傅斯年、羅家倫等人之後成為北大學生領袖的方豪，是浙江金華人，五四運動期間擔任北京學生聯合會、全國學生聯合會首任主席，曾經南下天津、上海、杭州、廣州等地宣傳愛國以擴大影響。方豪在上海期間，時任江蘇教育會幹事、商務印書館編輯蔣夢麟，以同鄉前輩的身分予以熱心款待，並且陪同他拜訪過孫中山。1919年6月3日，參與組織更大規模示威遊行的方豪等人，被捕入獄，在各界人士營救下，於1920年2月獲釋出獄。

「仲甫」，就是已經把《新青年》雜誌遷回上海的陳獨秀。蔣夢麟之所以說出「北大有兄及夷初在，我可放心」之類的話語，是因為他此前以蔡元培個人代表身分進入北大主持校務，主要是出於湯爾和的出謀劃策。蔣夢麟主持北大校務期間，留美同學胡適，連同早年在杭州養正書塾讀書時與湯爾和拜過把子的馬敘倫，成為他所依靠的主要對象。關於這一點，馬敘倫在回憶錄《我在六十歲以前》當中介紹說：

2　《胡適往來書信選》上冊，中華書局，1979年，第88頁。

蔣夢麟先生在北大裡毫無根辦，拿什麼資格來替蔡先生代辦校長的職務？北大裡原有幾位怕江蘇教育會來搶北大的，便放了空氣；可是，蔣夢麟先生已經到了北京。假定不讓他來做代表，連蔡先生也不回來了，仍就妨礙了大局，又是我在裡面疏通疏通。幸而蔣夢麟先生很識相，在某晚出席教職員會上很謙虛地說：蔡先生派他來代捺捺印子的，一切請各位主持。因此，大家也沒有怎樣他，只得在評議會上通過了聘他做教授，擔任總務長，從此蔡先生離開學校的時候，蔣夢麟先生就代理校長了。[3]

馬敘倫所謂「北大裡原有幾位怕江蘇教育會來搶北大」，指的是浙江籍北大教授沈尹默、馬幼漁、朱希祖等人，也就是後來所謂的「某籍某系」。湯爾和在1919年7月26日的日記裡寫道：

夢兄來，某所以贊同者，實以學生心理夢兄深知，其學問手腕足以服人。學生心安，其餘可迎刃而解。今則不出所料。所惜者，未與尹默一商耳。沈君謂夢兄之來純由某所主持，其故則為江蘇省教育會出力。……昨談此節，裴子斷定沈素來利用鶴公，今見夢兄負重命來此，陡生吃醋之意，又恃部中奧援，故敢放肆。人心齷齪，可勝慨哉！[4]

---

[3]　胡適、馬敘倫、陳鶴琴著《四十自述‧我在六十歲以前‧我的半生》，嶽麓書社，1998年，第41頁。
[4]　胡適1934年12月19日摘錄《湯爾和日記》。《胡適往來書信選》中冊，中華書局，1979年，第284-285頁。

這裡的「鶴公」即蔡元培，「夢兄」即蔣夢麟。「裴子」是時任財政部僉事兼法政大學英文教授的浙江杭州人邵長光，他與湯爾和、馬敘倫關係密切，與北大內部的另一派浙江人沈尹默、馬幼漁、朱希祖相對疏遠。

隨著胡適、蔣夢麟一派英美留學生在北大校園裡發展壯大並且贏得蔡元培的倚重，聯合固守傳統文化的馬敘倫共同排斥胡適等人，就成了「素來利用鶴公」的沈尹默等人黨同伐異的一種選擇。關於此事，錢玄同在1920年8月8日致周作人信中寫道：

> 石屋小人等有一種謬見，即是以為ㄨㄤㄅㄚ（王八）是不好的，而King Eight（八王）卻是好的。甚而至於覺得ㄨㄤㄅㄚ（王八）不好，而ㄨㄤㄐㄧㄡ（王九）、ㄨㄤㄕ（王十）、ㄨㄤㄕㄧ（王十一）……ㄨㄤㄑㄧㄢ（王千）、ㄨㄤㄨㄢ（王萬）……反是好的。這實在令人大惑不解者也！……成均甲舍三層樓上上樓梯朝南之室中諸位辦事的先生們，終日領石屋公的雅教，覺得此人是成均中第一流人物。甚至辦注音字母報，又要加入此人。……我總不信《莊子義證》有得比《中國哲學史大綱》好，做駢體文的人的見識有得比偏重英文的人的見識高。[5]

在西曆庚申中秋節後一日即1920年8月16日寫給周作人的另一封書信中，錢玄同又寫道：

---

5 錢玄同1920年8月8日致周作人信，《錢玄同文集》第6卷，中國人民大學出版社，2000年，第24、25頁。原載《中國現代文藝資料叢刊》第五輯，上海文藝出版社，1980年4月。信中注音字母後面的注解是筆者所加，特此說明。

我這個人，生平有一點僻見，就是取人重知識與思想。所以我總不贊成「連絡石屋山人而排斥獨枯禿路」的主張。我對於獨公，自然也有不滿意他的地方，而且很多，但是，他這點治學的條例，看書的眼光，卻不能不佩服他。若說美國派，純粹美國派固亦不甚好，但總比中國派好些。專讀英文，固然大偏，然比起八股駢文的修辭學來，畢竟有用些。[6]

這裡的「石屋小人」、「石屋公」、「石屋山人」，指的是時任北京中等以上學校教職員會聯合會主席的馬敘倫（夷初）。「獨枯禿路」和「獨公」，從英語doctor的譯音而來，指的是在美國攻讀過博士學位的胡適。「成均甲舍三層樓上上樓梯朝南之室中諸位辦事的先生們」，指的是經常在位於北大紅樓三層樓梯口的文科辦公室聚會的浙江籍人士馬寅初、馬幼漁、朱希祖、陳大齊、沈尹默、沈兼士、沈士遠等人。在號稱「某籍某系」的這些浙江同鄉聯絡馬敘倫共同抵制安徽籍教授胡適的情況下，錢玄同旗幟鮮明地支持率先提倡白話文並且用世界性眼光整理國故的《新青年》同人胡適，就顯得尤其難能可貴。

第二節　馬敘倫的自我表揚

關於自己進入北京教育界的大致經過，馬敘倫的《我在六十歲以前》介紹說：1913年，國立北京醫學專門學校校長湯爾和聘

---

[6] 《錢玄同文集》第6卷，第27頁。

請他充當國文教員。1915年下半年，他一度在北京大學預科兼職任教，不久因為袁世凱稱帝而返回南方。1917年蔡元培任北大校長之後，馬敘倫第二次來到北大。「我在北大仍取教書不問別事的態度，……可是，事情找上我了，『平地一聲雷』的『五四運動』在我埋頭寫書的時候爆發了。」

接下來，馬敘倫採用「炎炎之詞」自我表揚說：

那時，北大成立了教職員會，推康寶忠做主席，我做書記，由北大教職員會發起組織了北京中等以上學校教職員會聯合會，也推康寶忠做主席，我做書記。後來康先生因心臟病死了，我就改任主席，沈士遠（也是北大教授）任書記，我因此和北京教育界發生了緊密的關係。長長地十幾年裡，教育、革命、抗戰雖則說不上是我領導著，我也不客氣地承認我是關係人裡面重要的一個。那時，由教職員會聯合會向政府說話，所有披露的文字，都出於我的手裡，我倒得了機會，習會和人打筆墨官司的一套，直到我最後離開北平（我在二十五年夏天最後離開北大，那時北京已改名北平了），如果編一冊「代言集」，材料倒也不少吧。

……這時，教育總長范源濂辭職離京，次長袁希濤代理部務，我們教聯會代表頭二十個，死纏住了他，好像討債的，他也只得「掛冠而去」，來了一個和教育界太無淵源的傅嶽棻，也了不下這個風潮。……我呢，在這次大風潮裡，接觸了官僚的作風，也算得些不需要的常識，我的辦事也相當老練起來了。因為從「五四運動」開始後到結

束，教聯會是我主持著。[7]

在胡適摘錄的湯爾和日記中，記錄了更加真實的另一種資訊：

1919年12月6日，「晚飯後至夷初處，裴子亦在坐。各校要求發現事，聞昨日代表至部交涉一次，恐非到罷課不濟也。」

12月9日，「九時至法校，十時與各校長同往部，傅次長遲至三十分始出見，驕橫之色見於眉宇。……傅說竭力張羅，總以發現為原則，或不能，亦照平時格外加成。定後日回信。」

12月13日，「午後傅次長自來電言，小學全發現金，中學八成，專門七成。此事將近解決矣。」

12月14日，「昨晚為夷初作宣言書，其重要者略謂部中始則百般延宕，繼則枝枝節節，行同商賣，若使同人等亦效市儈行為，正不妨索價論價。惟此等舉動在稍有知識者亦羞為之。次則教育當局公然向各校宣言謂總理大發雷霆。某等請求，不涉政治，總理何怒之有？即有此言，教育當局亦不應出口，跡近激怒，又類邀功。某等若以總理一怒即俯首貼耳，是真所謂威劫利誘者矣。」

12月15日，「晨入校，甫八時，全校教職員因教育當局侮辱代表，欺詐恫嚇，自大學至小學一律罷課，事務人員停止到校。餘至校後，出一揭示，文曰：『北京各校教職員宣言停止執業，此

---

[7] 胡適、馬敘倫、陳鶴琴等著《四十自述·我在六十歲以前·我的半生》，第37-40頁。查勘北京大學出版社出版、王學珍等人主編的《北京大學紀事》（徵求意見稿）第60-61頁，1919年5月5日項下，有「傅教育總長引咎辭職」的記錄。5月10日項下，有「下午一時，教職員代表馬敘倫等，同赴教育部謁見傅總長，請其設法挽留蔡元培校長。傅總長表明了自己誠懇挽留蔡元培校長的態度」的記錄。這裡的「傅總長」，指的是當時的教育部總長傅增湘字沅叔，馬敘倫所謂「教育總長范源濂辭職離京，次長袁希濤代理部務」，顯然是一處筆誤。

系團體行為，本校未能獨異，除呈部請求辦法外，合行揭示。」一語不著邊際。法校來詢，即以此告之。大學亦照此宣言。余並親草一文呈部。午後部中召集會議，傅君宣言，謂教職員目的何在，是否攻擊個人？否則即欲發現十成，亦無不可之理。總理發怒云云，不妨對質。……請各校長召集教職員，詢其命意究竟何在。大眾唯唯而出，餘始終不發一言。晚七時與夷初接洽。」

12月20日，「飯後至法校，教職員會推代表郭紱侯及夷初來，述對於總理極表感謝之意，惟不願校長出為調人云云。餘以個人意見述答詞後，各代表退席，商及答覆總理辦法，餘主張用函，眾贊成，即由餘起草。……文不加點，眾咸許之。」

由此可知，馬敘倫擔任北京中等以上學校教職員會聯合會主席期間的主要文稿，其實是由湯爾和為馬敘倫執筆「代言」，然後才是馬敘倫為北京中等以上學校教職員出面「代言」的。馬敘倫當年所扮演的角色，只是一直躲在幕後操縱學界風潮的北京醫學專門學校校長湯爾和的前臺木偶。馬敘倫對於自己當年扮演的這種角色，也並沒有完全否定，他的《石屋續瀋》中有一篇《湯爾和晚節不終》，其中就有這樣一句話：「五四運動時，余任北京小學以上各校教職員會聯合會主席，而爾和在國立八校校長中實執牛耳，得相配合，以與政府周旋。」[8]

第三節　五四運動中的北大南遷

馬敘倫的《我在六十歲以前》中，鄭重其事地談到五四運

---

[8]　馬敘倫著《石屋餘瀋‧石屋續瀋》，山西古籍出版社，1996年，第187頁。

動裡的一個「插曲」：時任北大教職員會和北京中等以上學校教職員聯合會書記的北大教授馬敘倫，每天從早晨8時到晚上6時，都堅守在北大第一院的紅樓三層樓梯口的文科教員休息室裡。有一天晚上，回家吃晚飯的馬敘倫，突然接到休息室的工友打來電話，通知他到學校開會。等他來到文科教員休息室時，工友告訴他說：「東屋裡開會啦，有人在簽名啦。」

馬敘倫來到東屋，看到的是這樣的情形：「長桌上擺了一本簿子，寫著：『北大遷往上海，老師同學願去的請簽名。』（原文記不清了，這是大概文句。）果然，已有教員學生簽上幾個名字，我還記得有五四運動的『鉅子』北大同學傅斯年、羅家倫的大名。」

隨後，馬敘倫在文科教員休息室裡見到陳獨秀早年的學生、安徽籍北大教授劉文典。他向劉文典表示說：「我們不是要奮鬥？奮鬥要在黑暗裡的。」

劉文典聽了之後轉身便走。第二天，劉文典告訴馬敘倫說：「昨晚我把你說的話告訴了獨秀，他說『你的話很對』。他已把傅斯年、羅家倫叫去訓了一頓。」馬敘倫由此給出的結論是：「果然，這件事算就此不提了。」[9]

在沈尹默落款時間為1966年1月的《我和北大》中，出現了更加離奇的舊事重提：

　　　五四運動時，胡適以「革命」為幌子，主張把北大遷到上海。有一天，我和幼漁、玄同、士遠、大齊等人正

---

[9]　胡適、馬敘倫、陳鶴琴著《四十自述‧我在六十歲以前‧我的半生》，第40頁。

在商量事情時，胡適、羅家倫、傅斯年進來說：「我們主張把北大遷到上海租界上去，不受政府控制。」我們回答說：「這件事太大了。要商量。」羅家倫和傅斯年接著說：「搬上海，要選擇哪些教員、哪些學生可以去，哪些不要他們去。」我們一聽，這是拆夥的打算，不能同意，因為弄得不好，北大就會分裂，會垮臺。於是決定在第二天早上七時開評議會討論。開會之前，我們要沈士遠去看胡適，告訴他，搬上海，我們不能同意。評議會討論的結果是不同意遷上海。胡適就來找我，他說：「以後北大有什麼事情，你負責！」我說：「當然要負責，不能拆北大的台。」當時，我的思想是，學生的態度是激烈的，教師的態度實質上應當和學生一致，但態度要穩重，才能真正維護學生運動，使政府無懈可擊，不會解散北大。

同樣是沈尹默，此前在1951年12月2日上海《大公報》組織召開的「胡適思想批判座談會」上，公開發表有標題為《胡適這個人》的發言稿，其中另有相互抵觸的一段文字：「『五四』運動起來了，那時，胡適恰恰因事回到安徽家鄉去，並沒有參與這偉大事件的發動，等到他回來時學生正在罷課中。他一到就向我提出許多責難，一面說這是非常時期，你們應該採取非常手段──『革命』手段；一面又說這個時候學生不應該罷課，我要勸他們立刻複課。他要等學生開大會時去講話，阻攔他不住，終於到會講了話，但沒有人理睬他，討了個沒趣。」[10]

---

10 錄自曹伯言整理《胡適日記全編》第8卷，安徽教育出版社，2001年，第173頁。

那麼，出現在馬敘倫、沈尹默筆下的北大南遷，到底是怎麼回事呢？

五四運動爆發時，北大教授胡適正在上海迎接並且陪伴他的博士導師、美國哥倫比亞大學著名教授杜威及其夫人。在此期間，他還與老同學蔣夢麟一起，陪同杜威前往莫利哀路拜訪了曾任中華民國第一屆臨時大總統的孫中山。1919年5月7日，胡適與北大校長蔡元培（孑民）早年的弟子、江蘇省教育會負責人黃炎培（任之）、沈恩孚、蔣夢麟等人，一起參加了聲勢浩大的國民大會，對於北京方面的學生運動表示聲援。

5月8日，胡適陪同杜威夫婦啟程北上。同一天，蔡元培向大總統徐世昌和教育總長傅增湘提交辭職呈文。5月9日早晨，蔡元培在北大職員段子均陪同下離開北京。

胡適回到北京後，立即投入護校活動。5月13日晚上，胡適參加評議會與教授主任聯席會議，會議由已經調任教育部專門教育司司長的前理科學長秦汾回校主持，會議決定由法科學長王建祖及張大椿、胡適、黃右昌、俞同奎、沈尹默共同組成委員會，協助工科學長溫宗禹代行校務。

在北大同人努力維持校務的同時，上海方面的黃炎培、沈恩孚、蔣夢麟等人，也在考慮另一種備選方案。5月22日，蔣夢麟在寫給胡適的回信中表示說：

> 如北京大學不幸解散了，同人當在南組織機關，辦編譯局及大學一二年級，捲土重來，其經費當以捐募集之（炎、麟當赴南洋一行，《新教育》可請兄及諸君代編）。杜威如在滬演講，則可兼授新大學。總而言之，南

方大學必須組織，以為後來之大本營，因將來北京還有風
潮，人人知之。大學情形請時時告我，當轉達子公。諸君
萬勿抱消極主義，全國人心正在此時復活，後來希望正大
也。諸乞密告同志。[11]

這封信中夾有黃炎培的一條眉批：「此亦是一句話，但弟意
北方亦要佔據，且逆料舊派無組織之能力也。炎。」

另有沈恩孚的一條眉批：「此時未打敗仗，萬無退回老巢之
理。孚。」

蔣夢麟所說的「密告同志」，就是把擬議中的北大南遷計
畫，由胡適轉告給共同主持北大校務的溫宗禹、王建祖、張大
椿、黃右昌、俞同奎、沈尹默、康寶中、馬敘倫等北大同事。

5月24日，蔣夢麟在寫給胡適的另一封信中寫道：「照你看
來，大學究竟能否保全？照我的意思，如能委曲求全，終以保全
為是。」

由此可見，上海方面的黃炎培、沈恩孚、蔣夢麟等人，提出
把北大「南遷上海」的備選方案，主要是為了維護蔡元培的學界
地位，以及全國的教育事業。隨著蔣夢麟受恩師蔡元培的委託來
到北大代理校務，這個備選方案也就失去了存在價值。

馬敘倫在《我在六十歲以前》中，把上海方面的蔣夢麟、黃
炎培、沈恩孚等人並沒有付諸實施的北大南遷計畫，借題發揮地
轉嫁在學生輩的傅斯年、羅家倫頭上，以坐實兩個人沒有勇氣留
在「黑暗裡」奮鬥，只是相對含蓄地報復傅斯年揭發他的抄襲醜

---

[11] 《胡適往來書信選》上冊，第47-48頁。

聞。同樣的一件事情到了沈尹默的《我和北大》中，又被變本加厲地虛構誇大為胡適、羅家倫、傅斯年三個人，對於北京大學的拆臺破壞。

第四節　胡適日記中的索薪運動

在北大內部，以胡適為首的一派人對於馬敘倫、沈尹默、沈士遠一派人把持校務並且發動曠日持久的索薪運動，一直是持保留態度的。

1920年6月，胡適應南京高等師範暑期學校之邀南下講學，陶孟和在6月12日致胡適信中通報說：「近日沈、馬諸公屢有秘謀，對於預科移至第三院一事猶運動反對，排列課程，延請教員，皆獨斷獨行，長此以往，恐非大學之福。弟意非有除惡務盡之辦法，則前途不堪設想。暑校完事，務必早日歸來為妙。」[12]

8月11日，高一涵在致胡適信中再次通報說：「大學內部趁你不在這裡，又在興風作波，調集一般『護飯軍』開什麼會議了！結果怎樣還不知道。」[13]

1921年6月3日，胡適在日記中寫道：

> 是日北京學潮忽演出一種慘劇，真是不幸的事。……當教職員到部時，原不曾料到學生幾百人也會退到教育部來。夷初先生見這個示威的好機會，豈肯放過？他在大會場用傳聲筒演說，主張請馬次長領我們同去總統府請願。

---

[12] 《胡適往來書信選》上冊，第97頁。
[13] 《胡適往來書信選》上冊，第110頁。

這時候，即有人大喊「不要讓次長跑了！」後來他們便簇擁馬次長出門。

　　到新華門時，夷初大概以為兵士不致行兇，又挾有馬次長，故首先衝入。後來衛兵知教育次長亦在被打的人之中，就把他搶進去，夷初不肯放手，故受傷甚重。後夷初血流滿面，猶直立大罵「你們為什麼不要臉，都跑了！既怕打，何必來！……」我因此事發生，不能離開北京，就將保定之行取消了。[14]

　　6月4日，胡適在日記中收錄了以「北京國立專門以上八校辭職教職員全體」落款的通電，其大致內容是：本月2日，京師公立小學以上學校男女學生代表二十余人赴國務院請願讀書，並請見總理靳雲鵬。靳雲鵬不惟不見，反而把這些學生關在院內，絕其飲食，凍其體膚。教育界同人為維持國家教育及援救在院之學生代表，於3日下午赴教育部交涉，而公立小學以上學校男女學生，先期不約而至者近千人。眾人請教育次長代理部務馬鄰翼率領專門以上八校校長及公立小學以上男女學生暨同人等赴府請願面見總統。沒有想到剛到新華門鐵柵外，就遭到衛兵毒打。馬鄰翼頭部首遭衛兵槍擊；醫專代理校長張煥文，法專校長王家駒，北大教授馬敘倫、沈士遠，高師教授黃人望、張貽惠，女高師教授湯璪真、職員劉興炎，醫專教授毛咸，工專教授許繩祖等人受傷尤重。

　　胡適雖然不贊成馬敘倫等人為了索薪而不擇手段、不計後果

----

[14]　曹伯言整理《胡適日記全編》第3卷，安徽教育出版社，2001年，第291-292頁。

的行事作風，面對惡意欠薪的政府當局，他還是旗幟鮮明地站在馬敘倫一邊的。6月5日，胡適在日記中寫道：

> 下午，北大教職員開大會，聯席會議的幾個「重要」人，都不敢出席，譚仲逵躲到法國醫院去了。沈兼士自首善醫院來，報告今天軍警圍守醫院，不許人入內看視受傷教職員。他又說，院長方君跑了，院中醫藥與飲食都不周全。我聽了急請孟和打電話尋嚴季約（首善的副院長），請他照料。沈君後來告訴我說，他這番是故意過甚其辭，要聳動人的。這種手段，我很不贊成。政府很注意夷初，監視最嚴。……昨日政府發出兩個長電，都是顛倒黑白的。

6月12日，胡適在日記中寫道：「下午二時，科學社開會，……守常打電話來，說夷初因醫院中不自由，故自昨日起已絕粒不食，亦不進飲料。其實這是無益之舉。……公園遊人多極了，守常來尋我，竟尋不著。我等到十點，才回來。」

「守常」就是繼沈士遠之後出任北京中等以上學校教職員會聯合會書記的李大釗，他當時正在與上海、廣東方面的陳獨秀等人祕密創建中國共產黨。

6月13日，胡適在日記中寫道：「到首善醫院看夷初。夷初今天略進牛奶。沈士遠與他同室，此外尚有三人，匆匆未見。今日京中各校全體大罷課。我勸守常在聯席會議提議，發一宣言，致謝各校之回應，但聲明不願各校以罷課為手段，因為犧牲太大，而收束無期。如此議能行，效果定大於罷課。但不知他們有這點遠見否？」

7月7日，胡適又在日記中寫道：

> 仲甫來一長信，大罵我們——三孟、撫五、我，——
> 為飯碗問題鬧了一年的風潮，如何對得起我們自己的良
> 心！我覺得他罵的句句都對。這一年半，北京學界鬧的，
> 確是飯碗風潮。此風潮起於八年十月十日——國慶日。
> 那時我在山西，到我回來時，教職員的代表——馬敘倫等
> ——已在進行了。到十二月中，他們宣告罷課，我那時一
> 個人出來反對罷課，質問代表雖有全權與政府交涉，但無
> 權替我們大家辭職罷課。那時夷初因為我對於代表權限提
> 出質問，便聲明辭職不幹了。那天的大會怕飯碗打破，以
> 大多數的表決維持代表的全權；從此以後，代表就有全權
> 替我們辭職了。
>
> ……總之，我這一年半以來，太「不好事」了。因為
> 太不好事，故我們竟讓馬夷初帶著大家亂跑，跑向地獄裡
> 去！我記此一段，表示自己的懺悔。[15]

「仲甫」即陳獨秀，他當時應廣東省長陳炯明的邀請，正
在廣州擔任廣東省教育委員會委員長，恰好處在與教職員相互對
立的教育當局的位置上。「三孟」即蔣夢麟、顧孟余、陶孟和。
「撫五」即陳獨秀與胡適的安徽同鄉王星拱。

到了1935年12月19日，胡適在摘錄湯爾和日記的同時，再一
次對發生於1919年底至1921年暑期的索薪運動進行反思：

---

[15] 曹伯言整理《胡適日記全編》第3卷，第362頁。

十二月十三日（星六）之夜，北大教職員在第三院禮堂開會，馬夷初、沈士遠報告為發現事與教育次長交涉經過，並報告聯合會已決議自星期一起各校一律罷課。我那時代理教務長，起立反對罷課，尤反對下星期一起罷課，因為「五四」、「六三」之事使上學年無考試，現已決定下星期一補考，一切都已預備好了。若此次不舉行補考，以後永無法補考，亦無法整理學校紀律了。我並且聲明，代表的職權，限於交涉發現，並不能代表我們決定罷課。罷課與否，應由各校教職員決定。於是馬夷初起立，說，代表的職權既然發生問題了，代表只好辭職。於是大眾一致表決代表有代大眾決定罷課之權。我只好承認失敗了。我從此辭去代理教務長之職。從此教員罷課下去，八年夏的補考固然全免了，以後教育界就不堪問了。當時人只知道北京教育界「跟著馬敘倫走上死路」（此獨秀之語），不知全是湯爾和先生之奇計也！[16]

　　1935年12月23日，胡適在寫給湯爾和的書信中表示說：「八年年底『發現』之役，一變而為『去傅』之運動，鬧成長期的教職員罷課，尊記有詳細記載，也可供史料。十二月十五日之罷課，我曾於十三夜獨力反對，及今思之，我仍深信先生與夷初諸人造孽不淺也。」

　　12月28日，湯爾和在回信中推卸責任、自我辯護說：「八年底罷課事，其中內幕重重，均為日記所不載。當時在五四以後，

16　胡適1934年12月19日摘錄《湯爾和日記》的讀後感，《胡適往來書信選》中冊，第287-288頁。

政府確有收拾各校之心。傅之來即系安福出力，曾口出大言，謂能一手包辦，以致各校異常憤激。渠之目標，首在北大，尤為子民。用胡去蔡，已見事實。但弟於罷課素不贊成。五四後留為教長，而高師先罷教，弟大反對，因此尚與陳筱莊大鬧。冬間事弟亦不以為然。此事並不能歸咎夷初，因當時人心浮動已成習慣矣。」[17]

「傅」即當時代理部務的教育部次長傅嶽棻。「用胡去蔡」的「胡」，指的是五四運動期間被徐世昌一度任命為北大校長的胡仁源。「五四後留為教長」，指的是湯爾和於1922年7月應國務總理兼教育總長王寵惠的邀請出任教育部次長，同年9月改任教育部總長。「陳筱莊」即當年的北京高等師範學校校長陳寶泉。

1935年12月28當天，胡適在寫給湯爾和的回信中進一步評論說：「八年年底罷課之事，先生亦是為流言所誤。當時蔡先生已歸來坐鎮，何畏一個傅嶽棻？我們只要能好好的辦學校，他們那能動搖我們？不幸我們自己毀自己，不惜先後罷課至近二年之久，就使北京教育界紀綱蕩然，名譽掃地。此豈傅嶽棻之過哉？湯爾和先生與馬夷初諸人不明大體之過也！」

第五節　浙江學界的「螞蝗災」

關於五四運動之後北京學界的索薪運動，馬敘倫的《我在六十歲以前》回憶說：

---

[17] 湯爾和1934年12月28日致胡適信，《胡適往來書信選》中冊，第289頁。

「五四運動」後安穩不到一年，北京大小各校教職員因挨不起餓，發起了一次「索薪」運動。這時，因五四的經驗，大家都曉得組織的重要了。運動開始，便組織了「北京小學以上各校教職員會聯合會」，除了私立各校以外，大、中、小幾十個學校都聯合了，聲勢自然不小。我呢，又被舉做了主席。這時，我真要紅得發紫，因為我兼任高師、醫專的教員，所以，不但北大教職員會是我主席，高師、醫專也硬把我推上主席，因此，我辦事很有把握，而學生聯合會又有了緊密的連繫。……到了十年春天，大家又不耐餓了，而且實在沒法維持了，而且也覺得政府對於教育滿不在意，只是做它妝點門面的工具。因此，除索薪以外，還提出教育基金和教育經費獨立的口號，並且拒絕了他們敷衍的辦法，罷課相持，直到六月三日。

　　談到1921年6月3日的索薪挨打，馬敘倫採用的依然是自我表揚的「炎炎之詞」：「我是以八校教職員會聯合會主席的身分，和聯合會書記李守常（大釗）先生走在教職員學生前頭。我和幾個同事都被打得頭青臉腫（沈士遠先生也是被打的一個），徐世昌還要非法懲辦我們，我們受傷的住在首善醫院，被他派下等特務看守住了臥室。」

　　1921年7月27日，北京《晨報》以《政府慰問學界後之檢廳批示》為題報導說：「本月二十四日，政府派王芝祥至尚志學會正式慰問教育界後，久延不決之學潮，可算已告一結束矣。」

　　關於此事，蔣夢麟後來在《西潮》中另有生動傳神的相關回憶，說是政府委派王芝祥到醫院慰問，坐在病床邊的馬敘倫母親

質問說：「這孩子是我的獨子，政府幾乎要他的命，請問這是什麼道理？」王芝祥回答說：「老伯母請放心，小姪略知相法，我看這位老弟的相貌，紅光煥發，前途必有一步大運。老伯母福壽無疆，只管放心就是。至於這些無知士兵無法無天，政府至感抱歉。老伯母，小姪向您道歉。」[18]

王芝祥一席話，說得馬敘倫的母親以及躺在床上的幾位教員放聲大笑，一場曠日持久的學界風潮隨之煙消雲散。

1921年9月5日，應邀利用暑假到上海商務印書館考察調研的胡適，在日記中寫道：「今天商務諸君為我餞行。同席陳叔通說他今天遇著馬夷初。我聽了大詫異。夢旦就發帖邀他來一敘。他來了，我問他南來的原因，才知道他是和夢麟們鬧意見之後跑出來的。他對於夢麟、孟餘、孟和，都大不滿意。此中情形，我已猜得一點。他這一跑，可有點不上算。將來不知可有什麼人來賠小心請他回去？」

關於自己的第二次離開北大，馬敘倫的《我在六十歲以前》介紹說：

> 我這次受傷，雖不曾流血，血卻瘀積在腦上，時時發病，……因此請假回到杭州休息一下。不想浙江第一師範學校在上年因學生施存統（就是施複亮先生）做了一篇叫《非孝》的文章，鬧成一次大風潮，校長經亨頤因此離校，接替他的姜琦……借要往美國的理由堅決辭職；……急壞了教育廳長夏敬觀先生，曉得我回杭州，就托我的朋

---

[18] 蔣夢麟著《西潮・新潮》，嶽麓書社，2000年，第137頁。蔣夢麟在書中並沒有點出王芝祥的名字，而是說「政府派了一位曾任省長的要員」。

友諸宗元先生再三再四地要求我去擔任，終究在有條件的底下接受了。

談到在浙江一師的辦學成績，馬敘倫再一次採用「炎炎之詞」自我表揚說：「杭州教育界分成兩系，一系是前進的，一系是保守的（其實是飯碗主義），……我有我做人的一套法寶，就是『獨立而不倚』，他們也沒辦法，不過他們背著一個教育會，甚至還有一個省議會，都可以替他們出場的、支撐的，我不免有單槍獨馬的顧慮，我倚靠的只有自己的隊伍──學生了。」

1922年夏天，浙江省教育廳長夏敬觀辭職。當時的廳長秘書是北大畢業生許寶駒，杭州第一中學校長是1921年6月3日與馬敘倫一起索薪挨打的前北京高等師範學校教授黃人望。為了進一步掌控浙江省的教育大權，馬敘倫專門委派許寶駒前往北京尋求支持。恰好當時的教育次長金紹青是李大釗的朋友，經李大釗出面推薦，馬敘倫當上了浙江省的教育廳長。

1922年9月22日，就任王寵惠內閣教育部總長的湯爾和，任命馬敘倫為教育部次長，並且委派張宗祥接任浙江省教育廳廳長。11月25日，號稱「好人政府」的王寵惠內閣全體辭職，馬敘倫上任教育次長的時間只有兩個月。

1923年夏天，在杭州煙霞洞養病的胡適，在《山中雜記》中再一次提到馬敘倫：

　　杭州教育界暗潮甚烈，而以新設之高級中學校長一個位置為「爭搶的骨頭」。高中由一師與一中合併而成；今一師校長何炳松稍接近教育行政當局，可望得高中校長；

而一中校長黃人望大失望，乃率其黨羽所謂「三高師同學會」者，一致向何下攻擊。何與黃均北高教授，均北大講師，同系金華人，又有親誼，乃至水火如此！我和蔡先生曾想調解他們，屢次設法解紛，均歸無效。蔡先生離杭和我入山以後，馬夷初又來；夷初與黃最密，杭州謂之「螞蝗災」；此次他來之後，風潮遂發作。教育廳長張宗祥於此時發表何長高中之令，黃黨與馬黨之一中一師教職員遂開聯席會議了許多條的何炳松的劣跡，並上公呈給省長及教廳，醜詆何氏。呈中竟牽涉及我，豈不可怪！[19]

1923年7月16日，蔣夢麟從北京給胡適寫信說：「杭州教育界，真變成了一隻臭糞缸。糞缸裡邊坐了看天，就是你所說的一個『陋』字，其實陋而且臭。夷初也跳在糞缸裡面和他們混鬧，真何苦來！你住在糞缸旁邊，裡邊鬧起來，免不了沾點污水。」[20]

同年11月13日，因為蔡元培前往歐洲遊學而代理北大校長的蔣夢麟，在致胡適信裡介紹了他自己在北京學界的崢嶸之相：「教育部無人負責，他校大都不死不活，京師教育事務，我首當其衝，簡直是大學校長而兼教育總長。我現在買了一架汽車，天天在街上跑，真是和gasoline（汽油）有仇。」

1924年1月5日，胡適與蔣夢麟一起訪問辭去財政總長後成為執業律師的羅文幹，羅文幹的朋友盧毅安給蔣夢麟看相，說他「多在黑幕中掌大權，在黑幕中操的權比獨當一面時大的多」；又說他31至35歲在商務印書館和江蘇教育會任職期間進步最慢，

19 曹伯言整理《胡適日記全編》第4卷，第106-108頁。
20 蔣夢麟致胡適信，《胡適往來書信選》上冊，第210頁。

35至39歲在北大進步最快。胡適認為盧毅安的話「頗奇中」。[21]

蔣夢麟後來在《追憶中山先生》一文回憶說，他代理北大校長不久，孫中山就從上海給他寫信，賦予他一項重要使命：「率領三千子弟，助我革命。」[22]

由此可知，當年各種各樣的學界風潮和學生運動，其實是孫中山的革命事業的一部分，蔣夢麟、馬敘倫這些人，大多是國民黨方面致力於運動學生的骨幹人物。

第六節　第二次出任教育次長的馬敘倫

1924年10月，直系軍閥馮玉祥臨陣倒戈，率部返回北京發動囚禁大總統曹錕的軍事政變。10月30日，國民黨元老黃郛出面組織攝政內閣。同年11月24日，黃郛內閣由段祺瑞的臨時執政府所取代。

馬敘倫通過國民黨元老李石曾介紹，給黃郛內閣的新任教育總長易培基充當次長。黃郛內閣辭職後，馬敘倫以次長代理部務，成為以國民黨元老李石曾為首的法日派推動黨化教育的急先鋒。無論是南京東南大學校長郭秉文的免職風潮，還是北京女子師範大學驅逐校長楊蔭榆的風潮，都是國民黨方面強行推廣黨化教育的結果。

1924年11月，段祺瑞執政府任命雲南督軍唐繼堯的代表、前雲南財政司長王九齡為教育總長。以教育部次長代理部務的馬敘倫聯合湯爾和、蔣夢麟等人，以王九齡與教育界沒有關係，並且

---

[21] 曹伯言整理《胡適日記全編》第4卷，第153頁。
[22] 蔣夢麟著《西潮‧新潮》，嶽麓書社，2000年，第313頁。

因為私運鴉片在上海租界坐過監牢為由加以抵制。1925年3月16日，王九齡在武裝軍警保護下到教育部就職，馬敘倫被免職後重回北大任教。關於自己第二次出任教育部次長的大致經歷，馬敘倫回憶說：

> 我這次在教育部，卻遇幾次學潮，如北京醫專、美專、農專、女高師，卻都不是「索薪」問題，而是他們校內教師、學生雙方都有政治關係的風潮，就是國民黨內的國共鬥爭，倒很費了我的心；……這時，北京的國民黨黨部已分成兩個，一個是「西山派」，由林森、鄒魯、張繼、謝持一輩領導的，他們怕國民黨被共產黨篡竊了，他們反對階級鬥爭，他們主張國共仍就分開；但是，他們是孤立的。我呢，雖然信仰社會主義，卻不贊成暴動政策，我和李大釗談過，他在共產黨的紀律底下，沒有表示，後來他們常有紅字的傳單，明白鼓勵暴動，我因此也參加了西山派。「三·一八」的事情，我算是西山派黨部的參謀長。這日也有頭兩萬人浩浩蕩蕩地直趨執政府，吶喊的聲音，一裡外都可以聽到，各校的教授，尤其是北大的教授參加得很多，段祺瑞調了衛隊員警想鎮壓我們，群眾又圍住了他們，互相爭持了幾個鐘頭，群眾不散，段祺瑞的衛隊開槍了，被傷害了十七個（這系憑我的記憶，怕還不止這幾個），又遭驅逐，群眾才退。這件事情，兩個黨部雖則對立，也各自計畫，但行動上都要爭先，後來因為西山派方面沒有受傷害的，有說西山派不過出來敷衍敷衍的，這是冤枉了他。

1926年3月18日發生執政府衛隊槍殺示威學生的大慘案之後，馬敘倫與吳稚暉（敬恒）、李石曾（煜瀛）、蔣夢麟、朱家驊、易培基等人，先後躲進東交民巷的法國醫院或六國飯店。隨後便離開北京，南下參加國民黨的北伐革命。

第七節　胡適與馬敘倫的再次碰撞

　　胡適與馬敘倫再一次成為北大同事，是1931年1月蔣夢麟正式出任北大校長之後的事情。在此之前，蔣夢麟的職務是國民黨南京政府的教育部部長，馬敘倫是教育部政務次長。

　　1935年夏，軍委會北平分會代委員長何應欽與日本華北駐屯軍司令官梅津美治郎達成撤退駐冀中央軍和東北軍，取締一切抗日團體的協定，史稱《何梅協定》。同年8月，中共中央和中華蘇維埃中央政府發表又稱《八一宣言》的《為抗日救國告全體同胞書》，呼籲各黨派各界同胞各軍隊「團結起來，停止內戰，一致抗日」。同年12月9日，由一部分活躍在大學校園裡的中共地下黨員祕密發動的「一二九」運動爆發。胡適在當天日記中記錄了自己的所見所聞：

> 　　上午十點上課。班上人還是滿的。外間各校學生今天有請願之舉，北大學生都沒有加入。十二點下課時，何淬廉來談，始知因清華、燕大學生要進城請願，西直門也關了。一點聚餐。大家都談學生請願事。我們費了二十多日的力量，只是要青年人安心求學。今天學生此舉，雖出於愛國熱心的居多，但已有幾張傳單出現，其中語言多是

有作用的，容易被人利用作口實。……晚上居仁堂打電話
來，邀各校校長開會商議學生遊行事。……秦德純市長報
告，今天高橋武官去市政府抗議，說今天學生遊行，是有
背景的，主謀的人是蔣夢麟與胡適。[23]

在此後一段時間裡，蔣夢麟、胡適等人一直忙著平息學潮，
馬敘倫等人卻在忙著鼓動青年學生遊行示威。12月20日，胡適在
日記裡用指責貶斥的筆調記錄了馬敘倫的精神面貌：「六點半赴
北大教授俱樂部第一次聚餐，飯後有長時間的討論。馬敘倫發言
最多，多沒有意思，也全沒有煽動力量。此人破壞了教育界多少
年，尚不知愧悔，妄想趁火打劫，可憐！」

同樣的歷史事實，在馬敘倫筆下呈現的是另一種景象：「直
到二十四年，敵人侵略華北更露骨了，北平文化、教育界的人
們，尤其像我一輩的人們，從前怎樣慷慨激昂伴生命來革命的，
自然更受不住，『聲求氣應』，又有了結合。北平大學法商學院
院長白鵬飛和院裡的教員李達、陳豹隱等，北大有我和許德珩、
張申府、尚仲衣等，都要說話了。」

按照馬敘倫的理解，北大校長蔣夢麟是政府任命的，自然必
須「仰承意旨」。法學院長周炳琳雖然是五四運動裡的一員，同
時又是國民黨黨員，而且也做過教育次長，不免是政府派。文學
院長胡適是主張好人政府的，而且是蔣夢麟的親信。「所以北大
已不是當年的北大——五四運動時代的北大」。

關於12月20日晚上的聚餐，馬敘倫回憶說：

23　曹伯言整理《胡適日記全編》第6卷，第541-542頁。

為了抗日問題，一晚教授俱樂部聚餐，餐後開會，卻加入了高級職員（在先許德珩先生主張不限教授，不得同意），吃飯多些人倒也有趣的；可是，開會的時候，應該不是教授就退出了，「然而不然」，我們自然不好意思竟請他們出去的。原來，當局們曉得如果討論抗日問題，一般的看法是會通過的，因為究竟北大教授傳統上的關係，主張抗日的會占多數，所以拉上高級職員來湊場子；這晚對於抗日問題，我當然是主張北大教授，應該表示態度，而且主張抗戰，許先生是附議我的，尚先生也同意我們，陶希聖說了些令人不可捉摸的話（那時他是汪派），胡適便不同意我們的主張，他是相當會說話的，很宛轉地說明應該讓政府去主持的意思；周先生當主席，很拿主席的地位，想硬壓下我們的主張，竟有越出範圍，拿黨的地位來說的話，我也只得不客氣地和他抬了一陣槓子，這晚沒有結果而散。

　　1935年12月31日，在蔣夢麟、胡適主持下，北大全體學生集會，當場以舉手表決的方式否決了學生代表於前一天做出的南下請願的決定，北大學潮一度平息。

　　到了1936年5月13日，上海《申報》以《燦爛光榮「五四」早在黯淡中渡過》為標題，報導了5月4日在北大第二院禮堂舉行的「五四」十七周年紀念會。說是參加會議的學生約300、400人，到會教職員包括法學院院長周炳琳、課業長樊際昌、教授馬敘倫、許德珩。「馬敘倫年在五旬以上，頭髮斑白，……其主要思想有兩點（一）奮鬥要在黑暗裡才有價值，所以十七年前即強

調反對學校南遷。（二）為大眾奮鬥求解放的，終久要得到勝利。……許德珩演說，對於『五四』運動之由來，從新興社會學見地上，加以闡明，並確定『五四』運動意義有三，一、為民眾直接打進政治運動，二、為有組織之運動，三、為普遍的社會運動。並謂現在國際與國內情形，已有很大變動，『五四』運動，在目前已嫌不夠，那末，我們怎樣以『五四』的精神，去推進社會運動呢？演說時，攘臂喧呼，口沫飛濺。」

關於自己在後續風潮中所發揮的作用，馬敘倫的《我在六十歲以前》再一次採用「炎炎之詞」自我表揚說：「我和白鵬飛先生等就約了各校的『同志』，組織了北平文化界抗日（或者是抗戰）救國會，我被推做主席，白先生做副主席；這時，上海也有了百歲老人馬良先生領導的救國會，北方的朋友戲稱：南北救國，『惟馬首是瞻』。北平究竟是『五四運動』的發源地，各公私立大學中學的學生也組織起來，每日的演講會，座談會，弄得我兜不過來，經過十幾天，只好『敬謝不敏』，實在累得病了。」

按照馬敘倫的指控，1936年夏天，他是躺在病床上被北大文學院長胡適以「馬先生請假一年」為藉口加以解聘的。

第八節　馬敘倫晚年的政教傳奇

馬敘倫在離開北大之前，就與許德珩、楊秀峰，邢西萍、張申府、程希孟等人成立了一個「以實現社會主義為運動的目標」的小組織。回到杭州後，他又與國民黨立法委員、中共地下黨員王昆崙以及許寶駒、周一志、郭春濤等人「做反蔣抗日的工作」的祕密小組織，建立了聯繫。

1936年10月11日，馬敘倫受王崑崙委託，從杭州起身經南京繞道北平與許德珩等人祕密商洽，然後帶著「何梅協定」抄本飛抵成都，鼓動四川省主席劉湘「反蔣抗日」。12月12日，張學良、楊虎城發動「兵諫」，扣押蔣介石，「西安事變」發生。馬敘倫受王崑崙委託，於12月21日早晨從南京乘飛機再次入川，給劉湘和他的參謀長傅真吾做「反蔣抗日」的思想工作，並且把郭春濤介紹給劉湘充當顧問。

　　1945年12月30日，淪陷於上海孤島的馬敘倫聯合王紹鏊、許廣平、周建人、趙樸初等人發起成立中國民主促進會（簡稱「民進」），並當選為常務理事。

　　1946年5月5日，在中共地下黨組織的支持下，「民進」同上海53個民間團體組成「上海人民團體聯合會」，馬敘倫依然擔任常務理事。同年6月23日，馬敘倫作為上海人民和平請願團的代表，與蕢延芳、盛丕華、雷潔瓊、包達三、張絅伯、閻寶航、陳震中、陳立複等人前往南京，他們到達下關火車站時遭軍警圍毆，馬敘倫再一次被打成重傷，史稱「下關事件」。

　　1947年底，馬敘倫到香港籌建「民進」港九分會，繼續從事反蔣活動。

　　1948年11月23日，馬敘倫與郭沫若、許廣平、侯外廬、陳其尤、沙千里、翦伯贊、宦鄉、閻寶航、丘映芙等30多人，由中共香港工委副書記連貫陪同，乘坐挪威籍客輪離開香港，前往哈爾濱參加擬議中的新政協會議。

　　1949年3月25日，毛澤東從西柏坡飛抵北平，馬敘倫與在北平的各民主黨派負責人一起，前往西苑機場熱烈歡迎。這是毛澤東與馬敘倫的初次見面。在陪同毛澤東一起閱兵之後，馬敘倫當

場寫下四首七絕，其中一首寫道：「萬歲高呼毛澤東，與人衣食即春風。江南百姓皆昂首，何為遲余解困窮。」

同年6月11日，馬敘倫與毛澤東、李濟深等24人，在北京香山雙清別墅毛澤東寓所舉行新政治協商會議籌備會的首次預備會議。在隨後的新政協籌備會第一次會議上，馬敘倫與毛澤東、沈鈞儒等21人當選新政協籌備會常務委員會成員。

1949年10月1日，馬敘倫參加開國大典，之後被任命為教育部長。

由於過度忙碌，加上曾經兩次被軍警打成重傷，55歲的馬敘倫參加國慶大典之後便臥病不起，只好在病榻上給毛澤東寫了一封請假信，說明自己有些會議暫時難以參加。毛澤東收信後在來信上批示道：「請林老去看馬先生一次，要他靜養。會議暫不要邀他。毛澤東，十月五日。」

這裡的「林老」即林伯渠，時任中央人民政府委員會秘書長，為中共「五老」之一。

1953年秋天，已經改任高等教育部部長的馬敘倫患上嚴重的腦軟化症。毛澤東聞訊後於10月5日寫下慰問信：「夷初先生：聞病甚念。務請安心休養，不限時日，病癒再工作。有何需要，請隨時示知。敬祝早日恢復健康！」

1954年9月，60歲的馬敘倫正式離開高教部部長的職位，從此一直住在醫院接受治療。

1958年6月5日，長期以醫院為家的民進中央主席、全國政協常委馬敘倫，應護士要求提筆寫下他最後的一幅墨蹟：「我們只有跟著共產黨走，才是在正道上行，才有良好的結果，否則根本上就錯了。」

在此以後，馬敘倫以接近植物人的狀態奇跡般地存活了12年。1970年5月4日，全國政協副主席馬敘倫在北京去世，終年86歲。

第三章
胡適與中國公學易長風波[1]

在中國近現代教育史上，由返回國內的留日學生四處借款創辦的中國公學，是公私不分、產權不明的一所怪胎學校，同時又是成於學潮、敗於學潮的一個輪回奇跡。1928年4月以老校友身分出任中國公學校長的胡適，是這所怪胎學校盛極而衰的關鍵人物。

第一節　創辦中國公學的艱難曲折

1905年11月2日，日本文部省以第十九號令形式頒佈《關於許清國人入學之公私學校之規程》，其中共有十五條規程和一條附則，主要目的在於引導越來越多的中國留日學生步入正軌，對以牟利為主的「學店」加強管理。

規程在報刊上發表後，並沒有引起中國留學生的關注。11月26日，各留學學校張貼告示，要求中國留學生於29日前呈報原籍、住址、年齡、學歷等，「若逾期不報，則對該生不利」。此

1　本章節內容的初稿《中國公學的潮起潮落》，是張耀杰於2004年前後為《中國學潮史》寫作的未刊稿，這次改寫參考了章玉政著《光榮與夢想：中國公學往事》，該書2014年由浙江人民出版社出版，特此致謝。

舉觸動了老大自居又積貧積弱的中國留學生脆弱而敏感的神經，他們開始用敵意的眼光研讀《關於許清國人入學之公私學校之規程》，從規程第九條「受選定之公立或私立學校，其供清國學生宿泊之宿舍或由學校監督之公寓，須受校外之取締」當中，找到了妨害他們的虛榮臉面的字眼：「取締」。他們不顧日文「取締」二字所包含的監督管理的意思，故意把這個規程直譯為「取締規則」，上綱上線地認定為不可容忍的一種國恥。[2]

11月28日，中國留日學生總會評議部形成決議：上書駐日公使楊樞向日本政府交涉取消該項規程，領銜簽名的是中國留日學生總會的幹事長楊度和副幹事長范源濂。

在駐日公使楊樞的交涉下，日本文部省迅速做出相關解釋。中國留日學生此時已經處於非理性的群情激憤。12月4日，魯迅所在的弘文學院留學生率先發出號召，呼籲全體罷課，引發各留學學校連鎖反應。以東京為例，招收中國留學生的公立、私立學校共16所，未捲入罷課風潮的只有女子實踐學校和學習軍事的振武學校。

12月6日，留學生總會幹事長楊度在留學生會館當眾解釋「規程」的合理性，遭到部分留學生辱罵圍攻，在周家彥等人勸說保護之下，才得以逃離現場。

同一天，包括女子實踐學校在內的留學各校一起罷課，並且組織508人的糾察隊，帶著手槍、短刀到各學校門口阻止上課。留日女學生中間表現得最為激烈的，是女子實踐學校的秋瑾，她

---

2 【日】實藤惠秀著《中國人留學日本史》，北京大學出版社，2012年，第320頁。參見章玉政著《光榮與夢想：中國公學往事》，浙江人民出版社，2014年，第29頁。

每次演說都痛哭流涕，引來無數的同情和掌聲。據說她在浙江同鄉會的集會上曾經拔出刀子，威脅不肯罷課回國的魯迅（周樹人）、許壽裳等人。

12月8日早晨，來自湖南新化縣、以宣傳冊子《猛回頭》和《警世鐘》聞名於留學生群體的陳天華，對日本輿論嘲笑中國留學生「放縱卑劣」深感羞愧，留下5000字絕命書到日本東京大森灣投海自殺，企圖以犧牲自己的生命為代價發揮其「警世鐘」的作用。在陳天華的警醒之下，中國留學生紛紛表示罷課回國。12月10日，湖南同鄉會開會，決定全省留學生一律退學回國。留學生總會也公舉劉棟英、朱劍、吳勳、王敬芳到上海擔任招待，並籌畫辦學事宜。由留學生總會擬定的《善後辦法》，初步規劃了歸國辦學的基本思路：

其一，由本會將歸國理由報告學部。惟各省學務處，由各省各會，照本會報告之理由報告。

其二，要求學部將北京派送留學生之官費給與本會，辦理上海專門高等各學校。各省派送留學生之官費，由本省開辦普通學堂。但上海學校經費有不足時，由各省籌補。

其三，專門高等學校之教員，聘外國人充當。普通學校教員，本國學問之程度最高者充當。

其四，全體歸國後，即移本會於上海作總機關，各省選舉職員，為相屬之分機關，以便統籌全域。[3]

12月21日，劉棟英、朱劍、吳勳、王敬芳等人抵達上海，與湖南姚宏業、譚心休和四川張邦傑、孫鏡清等人會合，決定在派

---

[3] 李宗棠著《勸導留學日記》，引自實藤惠秀著《中國人留學日本史》，第398-399頁。

克路東升裡設立留學生總會事務所，致信各界尋求幫助。在此前後，陸續回國的留學生一度超過3000人。

1906年1月9日，第一次各省代表會議在留日學生總會上海事務所召開，推舉劉棣英為正幹事，朱劍為副幹事，廖嘉淦、吳勳為庶務，姚宏業、王敬芳為會記。用王敬芳的話說，「歸國者數千人，留滬者亦數百人，相與討論自辦學校。」[4]

在留日學生中間一直存在激進歸國派和理性留學派的尖銳對立，流亡日本的梁啟超，專門寫下《記東京學界公憤事並述余之意見》，連續十天刊登在上海《申報》，反對歸國派留學生「將挾此社會，超東海而更建設之於上海」的非理性衝動，勸告留學生珍重各自的學業。同盟會總理孫中山當時不在日本，親近孫中山的廣東籍同盟會員朱執信、胡漢民、汪兆銘（精衛）等人，也難能可貴地與他們的老對頭、廣東籍同鄉前輩梁啟超保持了觀念上的一致性。1905年12月28日，他們聯絡四川籍的江庸等人組織「維持留學界同志會」，公開回應駐日公使楊樞的通告，向各校聲明複課。

1906年1月11日，歸國派與維持派在東京召開協調會，統一複課並電告返國同學。這對於滯留上海力主辦學的劉棣英、姚宏業、王敬芳等人來說，不啻於釜底抽薪。

1月13日，來自13個省份的留學生代表在上海事務所召開第二次會議，一致同意籌辦「中國公學」，公推劉棣英為正幹事，由劉棣英、朱劍、馬和（君武）等人負責起草學校章程。

1月17日是農曆臘月二十三，第一次中國公學職員選舉會暨

---

[4] 王敬芳致胡適信，無日期，見《胡適來往書信選》中冊，北京中華書局，1979年，第150頁。

各省代表第三次全體會議在留日學生總會上海事務所召開，選舉出中國公學第一批職員名單：

正幹事　劉棟英

副幹事　朱劍

庶務員　郭果能 姚宏業 張邦傑 譚心休

評議員　譚偉雲 夏聘儒 陸振華 孫鏡清

會計員　王敬芳 梅獻瑞

書記員　于右任 黃雲鵬 安永昌 楊若堃[5]

1906年3月4日是農曆二月初十，中國公學在上海北四川路的新靶子路黃板橋北租屋開學。由於正幹事劉棟英赴南京籌款未歸，開學典禮由副幹事朱劍及庶務張邦傑、姚宏業主持，三品官銜的前廣西邊務大臣鄭孝胥，應邀到校發表演講：

中國各省皆辦學堂，純用官場辦事，毫無法度，遂成上下相賊之景象。……今觀此公學，居萬死一生之地位，而能茹苦含辛，堅持不屈，吾甚哀諸君之遇，甚敬諸君之志，竊願諸公力守目下共和之法，就平等中選舉辦事之員，授以權限，明其義務，相率服從，以為天下學界自治之表率……[6]

中國公學首批學生260餘人，來自13個省份，其中四川、廣

5　《中國公學第一次報告書》，商務印書館1907年代印，第7-8頁。

6　《鄭孝胥日記》，中華書局，1993年，第1032頁。

東、湖南、河南籍學生超過六成，按程度和志趣編入大學、中學、師範速成、理化專修四個班。

3月8日，鄭孝胥帶頭為中國公學捐助大洋1000元，社會各界卻少有響應，中國公校開學一個月後便陷入絕境。加上朱葆康（光屏）、高旭等50多名江蘇籍學生另行組建健行公學，讓來自湖南省長沙府益陽縣的姚宏業（劍生）感到絕望。

4月6日是清明節，年僅25歲的姚宏業於這天清晨投黃埔江自殺。他在遺書中聲明「我之死，為中國公學死也」：

> 海內熱心贊助者，除鄭京卿孝胥等數人外，殊寥寥。求助於政府無效，求助於官府無效，求助於紳商學界又無效，……無米之炊，巧婦不能，中國公學之前途真不堪設想矣。……我性偏急，我誠不忍坐待我中國公學破壞，致列強以中國人為絕無血性之國民，因而剖分我土地，漸滅我同胞，而親見此慘狀也，故蹈江而死，以謝我無才無識無學無勇不能扶持公學之罪。[7]

這裡的「政府」指的是滿清中央政府，「官府」指的是擁有一些獨立行政權力的地方政府。姚宏業的遺書發表後，引起較為廣泛的關注，據胡適在《四十自述》中回憶：「我也是當時讀了姚烈士的遺書大受感動的一個小孩子。夏天我去投考，監考的是總教習馬君武先生。國文題目是『言志』，我不記得說了一些什麼。後來君武先生告訴我，他看了我的卷子，拿去給譚心休、彭

7　《姚烈士宏業遺書》，《中國公學十九年度冬季畢業紀念刊》，第6頁。引自章玉政著《光榮與夢想：中國公學往事》，第45-46頁。

施滌先生傳觀，都說是為公學得了一個好學生。」[8]

1906年暑期，胡適考取中國公學。中國公學的革命黨人鐘文恢、楊卓林、廖德璠、謝寅傑、丁洪海等人，組織競業學會並創辦白話文的《競業旬報》，胡適寫作的《姚烈士傳略》，就是在《競業旬報》連載發表的。關於中國公學的黨派背景和黨派活動，胡適在《四十自述》中回憶說：

> 中國公學的教員和同學之中，有不少的革命黨人。所以在這裡要看東京出版的《民報》，是最方便的。暑假年假中，許多同學把《民報》縫在枕頭裡帶回內地去傳觀。還有一些激烈的同學往往強迫有辮子的同學剪去辮子。但我在公學三年多，始終沒有人強迫我剪辮，也沒有人勸我加入同盟會。直到二十年後，但懋辛先生才告訴我，當時校裡的同盟會員曾商量過，大家都認出我將來可以做學問，他們要愛護我，所以不勸我參加革命的事。但在當時，他們有些活動也並不瞞我。[9]

---

[8] 胡適：《四十自述》，歐陽哲生編《胡適文集》第1卷，北京大學出版社，1998年，第76頁。

[9] 胡適：《四十自述》，歐陽哲生編《胡適文集》第1卷，第76-77頁。關於中國公學的革命歷史，1928年出任校長的胡適在《中國公學校史》中另有說明：「中國公學和中國革命的關係，這實在有深厚的淵源。中國公學的創辦，在表面上是因為一部分留日學生反對日本政府取締留學生的規定，大家回到上海，自動的舉辦本校，但實際上，這批留學生都是革命黨人。……如熊克武先生，不但和我同學，還和我同住過，我只知道他姓盧，大家都叫他『老盧』，竟不知道他姓熊。同學之中死於革命的，我所能記憶的有廖德璠，死於端方之手；饒可權死於辛亥三月廣州之役，為黃花崗七十二人之一。熊克武、但懋辛皆參與廣州之役。教員之中，宋耀如先生為孫中山先生最早同志之一，馬君武、沈翔雲、于右任、彭施滌諸先生皆是老革命黨。中國公學的寄宿舍常常是革命黨的旅館，章炳麟先生出獄後即住在這裡。戴天仇先生也曾住過，陳其美先生也時時來這裡。有時候，忽然班上少了一兩個同學，後來才知道是幹革命或暗殺去了。如任鴻雋忽然往日

中國公學創辦之初，試行的是由學生自行管理的共和制度。按照王敬芳的說法，「當時章程所以採取共和制度者，我亦其中主張最力之一人。其原因如下：（一）青年心理迷信共和。（二）公學為留日學生所創辦，故其時發起者為學生，辦事者為學生，讀書者亦為學生。試思除以學生為主體外尚有何法？」

　　姚宏業在遺書中認為，世界各國的學術進化，莫不存在民立學堂與官立學堂的相互競爭、相互補救，如美國耶魯大學、日本早稻田大學：「中國公學實為中國前途民立大學之基礎，若日進不已，其成就將能駕耶魯大學與早稻田大學而上之。」

　　由此可知，姚宏業等人其實心裡明白，中國公學只能是民辦官助或者說是私辦公助的一所私學，而不是所謂的「公學」。但是，承認自己「無才無識無學無勇不能扶持公學」的姚宏業所希望的「以大公無我之心，行共和之法」，卻又回歸到中國傳統社會以所謂天道天理及家國天下為本體本位的貌似全能全知卻從來都分不清楚公私群己之權利邊界的思維慣性。這種不承認主體個人最為基本的私權私利的「大公無我之心」，與現代工商企業及民主憲政社會充分保障以人為本的個人自由、甲乙平等、法治民主、限權憲政的公民權利的真正意義上的「共和制度」，恰好是背道而馳的兩種價值取向。像姚宏業這樣違背基本人性的「以大公無我之心，行共和之法」的所謂「公學」和「共和制度」，只具有短期的實驗價值和象徵意義，九個月後便不得不被權責邊界更加明晰的董事會制度取而代之。

本學工業化學去了，後來才知道他去學製造炸彈去了；如但懋辛也忽然不見了，後來才知道他同汪精衛、黃復生到北京謀刺攝政王去了。所以當時的中國公學的確是一個革命的大機關。」見《胡適全集》第20卷，安徽教育出版社，2003年，第146-151頁。

1906年7月31日，鄭孝胥出面為中國公學擬定呈送學部的立案公文，並且請求兩江總督劃撥官地籌款建築校舍，諮請各省都撫協力資助，得到學部立案批准。

中國公學第一任的正幹事劉棣英、副幹事朱劍等人此前已經辭職，由王敬芳、張邦傑、黃兆祥、譚心休等人負責校務。王敬芳北上為中國公學立案期間，專門托友人介紹，在頤和園工部會所拜見了即將出任兩江總督的端方。

1907年1月29日，鄭孝胥在日記中寫道：「熊秉三來談，言午帥已允撥中國公學常年經費一萬五千兩，請余為校長。」

「午帥」，就是新任兩江總督端方，早在1894年就考中進士欽點翰林的熊希齡（秉三），是為端方管理財政事務的重要幕僚。

1907年初，滬寧鐵路開通，王敬芳等人帶領中國公學全體教職員和學生代表到南京旅遊三天，新任兩江總督端方不僅出面宴請，還贈送親筆書寫的摺扇一把。

3月27日，鄭孝胥接受端方的邀請，正式入住兩江總督府擔任襄理軍務、學務的高級幕僚，同時兼任中國公學的監督即校長。中國公學所謂學生自治的「共和之法」，在法理層面已經結束。

在兩江總督端方的帶動下，兩廣總督張人駿批准由廣東撥銀3000兩，江西、浙江、四川等省也陸續提供了公款補助，從而保障了中國公學的辦學經費。

1908年3月23日，鄭孝胥辭去中國公學監督的職務，推薦他的朋友、擔任過三江師範學堂提調的江蘇候補道夏敬觀接任。

夏敬觀到任後，依據鄭孝胥的建議積極推動中國公學的制度建設。1908年9月13日，中國公學第一次校董會召開，推舉張

謇為總董，熊希齡為副董，校董會成員有鄭孝胥、羅煥章、陳三立、馬相伯、喻兆蕃、于右任、夏敬觀、譚心休、鐘文恢、王敬芳、黃兆祥、張邦傑、梁喬山、孫鏡清、彭施滌、譚倬雲等。

根據中國公學董事會章程的規定，董事會是學校最高權力機構，有權決定學校的大政方針、監督的選聘、經費的籌措等重大事項。關於中國公學的制度轉型，具體負責校內事務的王敬芳給出的解釋是：

其一，日本取締規則風潮結果，原發起公學的留日學生有一部分仍回日本。公學成立後不久，即有同發起公學的朋友朱君光屏等，因意見不合，率領一部分江蘇學生退出公學，另辦健行公學。因此原發起的學生日少，而各省新考入的學生日益加多。學生內部的情況，與初發起時大不同。

其二，當時政治上及社會上的人，均不以公學共和制度為然。曾記一日赴鄭蘇戡先生處，時報館的狄楚卿君在坐，極言公學學生主體之不可。邇時我為擁護公學計，侃侃與之辯駁。狄君行後，鄭頗怪余言太戇直。當時社會對公學之批評。可見一斑。

其三，當時公學既無校舍，又無基金。除初辦時鄭蘇戡先生曾捐開辦費一千元（或二千元），姚烈士遺書宣佈後南洋華僑鬍子春、林某（忘其名）等激於義憤，次第捐洋數千元（或萬餘元）外，丙午年內實無各省官款分文之補助。「公學之共和制度，既為政界及社會所詬病，若不修改，必為籌款最大障礙。」

根據上述三個理由，乃延請鄭蘇戡（孝胥）、張季直（謇）、熊秉三（希齡）等數十人為董事，修改章程，而學生主體的學校遂變為董事會主體的學校。董事會根據新章公舉鄭蘇戡為監督。一年後，鄭君辭職，董事會又舉夏劍丞（敬觀）為監督，至辛亥

鼎革始解職。[10]

　　從現代制度建設的角度來看，權責邊界相對明晰的董事會的成立，標誌著中國公學開始走上可以持續發展的私辦公助的正常軌道。但是，既沒有自由自治的個人能力又不懂得法治民主、限權共和的真正內涵的部分學子，尤其是其中年齡偏大、資格較老的革命黨人，對於主事者鞠躬盡瘁的種種努力並不領情，反而於1908年9月間發動了新一輪學潮。

第二節　新公學的分離與回歸

　　中國公學創辦初期，基本上沒有教職員和學生之間的界限，學校的管理部門是執行部和評議部，執行部的教務幹事、庶務幹事和齋務幹事，由評議部選舉產生，並且有一定的任期。評議部成員大都是班長和室長，有監督彈劾執行部幹事的權力。等到以學生為主體的制度轉變為以監督和董事會為主體的制度之後，監督夏敬觀和前任鄭孝胥一樣不經常到校，學生們並不覺得監督制有多麼可怕，學潮的爆發很大程度上是學生內部矛盾激化的結果。

　　評議部取消後，學生們自發組織了校友會，相當於後來的學生會。1908年3月21日，鄭孝胥在日記中寫道：「過季直。遂詣中國公學，為高等乙班班長劉光烈記過事召校友會。會長羅毅、朱經，詢其情形，欲免其記過。教務長黃兆祥以為不可。」

　　擔任教務長、庶務長、齋務長的三個幹事黃兆祥、張邦傑、

---

[10] 王敬芳致胡適信，《胡適來往書信選》中冊，第150-152頁。

王敬芳,在堅持給帶頭鬧事的劉光烈記過的同時,也對校友會做出讓步,同意由校友會代表全體學生修改校章。胡適在寫給徽州同鄉程春度的私信裡,明確認同鄭孝胥、夏敬觀的寬容舉措:「公學近日幾起大風潮,苟非監督明白事理,則公學已破壞矣。」[11]

等到新校章修訂完成後,新任監督夏敬觀卻不予承認。1908年9月27日(農曆9月3日),校友會召集學生大會,報告一年多來關於新校章的交涉經過。會議進行中,夏敬觀貼出佈告,否認學生有修改校章的權力,接著又發佈兩道佈告,一道說「集會演說,學堂懸為厲禁。……校友會以後不准再行開會」;一道說學生代表朱經、朱紱華「倡首煽眾,私發傳單,侮辱職員,要脅發佈所自改印章程,屢誡不悛,純用意氣,實屬有意破壞公學。照章應即斥退,限一日內搬移出校」。

高壓之下,全體學生於第二天簽名停課,幹事們又貼出佈告開除羅君毅、周烈忠、文之孝等七名學生,說是「如仍附從停課,即當將停課學生全行解散,另行組織」。

第三天,王雲五等教員出面調解,請董事會開會挽回局面,董事會遲遲不肯開會。

10月2日,校董陳三立出面調停,雙方的對立情緒已經難以調和。同一天,鄭孝胥在中國公學貼出支援夏敬觀和三幹事的佈告:「張邦傑、王敬芳、黃兆祥三子,盡義務與中國公學,辛苦累年,天下皆知。甫有成立之望,而諸君欲排而去之,此真不義之舉,社會所不容。中國人稍知禮儀者,尚有鄭蘇戡在,決不能贊成諸君之所為也。」

---

[11] 《胡適全集》第23卷,第7頁。

10月3日，校方貼出公告：「今定於星期日暫停膳食。所有被脅諸生可先行退出校外，暫住數日。准於今日午後一時起，在寰球中國學生會發給旅膳費。俟本公學將此案辦結後，再行佈告來校上課。」

校方的壓制措施激起大多數學生的公憤，167名學生集體退學另創新校，冒著秋雨搬遷到位於愛而近路慶祥裡的新校舍。同學們自掏腰包集資辦學，有些學生還把綢衣、金表等私人財產拿去典當行換取現款。經過10多天積極準備，與中國公學分庭抗禮的「中國新公學」正式開學，發起學潮的骨幹分子朱經、李琴鶴、羅君毅被選舉為新幹事，許多舊教員也應邀到新公學繼續任教。一時間，新公學裡確實出現了新氣象。

學潮初期，胡適因為是一年級新生，而且請了很長時間的病假，並沒有參與學生與幹事之間的爭執。等到學潮發展到高潮的時候，他已經成為《競業旬報》主筆，並且被推舉為學生大會的書記，具體負責會議的記錄和宣言的發佈。1908年11月24日，胡適在《競業旬報》第34期公開發表《對於中國公學風潮之感言》，其中所記錄的並不是甲乙雙方契約平等、良性互動的理性博弈，而是非理性的群體宣洩：

> 有一天，是公學風潮的第二天，學堂裡不許我們開會，我們那【哪】裡敢違抗，我們只好在草地上開會。開會的時候，有一人走上來，大聲演說，那個人說：「哎喲！諸君，我們為什麼給人家逼到這步地位呀！唉！諸君！」……我坐的最近，我哭的最屬害，那個人這一哭，便把我們的團體，結得鐵城一般。我們中國新公學所以得

有今日，千辛萬苦，挨餓受凍，總不解散，這都是那個人一哭之功。[12]

新公學成立後，教務幹事李琴鶴主動邀請不滿17歲的胡適擔任低年級的英文教員。在胡適教過的學生當中，居然出了饒毓泰（樹人）、楊銓（杏佛）、嚴莊（敬齋）、丁燮音、張奚若等知名人物。到了1931年夏天，胡適在《四十自述》中回憶說：

> 在董事會與監督之下，公學的幹事就不能由同學公選了。評議部是新章程所沒有的。選舉的幹事改為學校聘任的教務長、庶務長、齋務長了。這幾位辦事人，外面要四出募捐，裡面要擔負維持學校的責任，自然感覺他們的地位有穩定的必要，況且前面已說過，校章的修改也不是完全沒有理由的。但我們少年人不可能那樣想。中國公學的校章上明明載著「非經全體三分之二承認，不得修改」。這是我們的憲法上載著的唯一的修正方法。三位幹事私自修改校章，是非法的。這裡面也有個人的問題。當家日子久了，總難免「貓狗皆嫌」。何況同學之中有許多本是幹事諸君的舊日同筆的朋友呢？在校上課的同學自然在學業上日日有長進，而幹事諸君辦事久了，學問上沒有進境，卻當著教務長一類的學術任務，自然有時難免受舊同學的輕視。法的問題和這種人的問題混合在一塊，風潮就不容易避免了。[13]

---

[12] 歐陽哲生編《胡適文集》第9卷，北京大學出版社，1998年，第548頁。
[13] 胡適：《四十自述》，歐陽哲生編《胡適文集》第1卷，第90-91頁。

事實上，這裡更多的還是「人的問題」。所謂「法的問題」，說穿了是當年的中國公學的學生們，並沒有真正明白在現代法律所追求的程序正義背後，是權重實力的比拼制衡。當年的中國公學的學生們，總體上是沒有能力為社會創造財富的一群人，甚至於連自食其力的能力都不具備，他們最應該做的事情是通過讀書學習來充實自己的專業知識和創新能力，而不是像承認自己「無才無識無學無勇不能扶持公學」的姚宏業所希望的「以大公無我之心，行共和之法」那樣，撇開主體個人的權利邊界去空談什麼「共和之法」和「我們的憲法」。

　　按照楊海建的考證，中國公學成立初期，經費主要來源於社會捐款和官府補助。1906年捐款占總收入的近30%。到1907年，官方補助和社會捐款之和已經超過總收入的40%，其中官方補助占33.57%，成為各項經費來源中權重份額最高的一項。[14]到了1908年，兩江總督端方同意在吳淞炮臺的海灣區域劃出100多畝官地供中國公學建築校舍，大清銀行營口經理羅煥章答應借銀10萬兩用於建築校舍，把這兩項添加進來之後，官方投入、銀行借貸及社會捐款在中國公學各項經費來源中所佔有的權重份額，遠遠超過學生們所繳納的學費。在這種情況下，中國公學的主導權，自然應該由嘗試自治的學生團體讓渡轉移給新成立的吸納有相當數量學生代表的董事會。

　　1908年11月17日，參與成立新公學的謝尹、郭光濟、陳炳華、王謨登門求見鄭孝胥，依然糾纏於「公立之中國公學不應該改為官立事」。鄭孝胥聽後大怒，厲聲斥責說：「如學生能自籌費，

---

[14] 嚴海建博士論文《社會政治變遷視野下的學校、學生與風潮：中國公學研究（1905-1936）》，引自章玉政著《光榮與夢想：中國公學往事》，第62頁。

不借捐款、官款則可；今公立二字久已賣卻，複何言乎！」[15]

在新公學的學生和鄭孝胥的心目當中，都存在著中國特色的私、公倒置。在以主體個人為本體本位的現代工商企業及民主憲政社會的價值譜系裡，以人為本、自由自治的個人私權尤其是私有財產的所有權，是需要全社會加以承認和保障的第一權利。甲乙雙方的契約合同、公共社會的法治民主、國家制度的限權憲政，歸根結底是為了擴張充實和切實保障第一位的個人權利。在中國特色的以所謂天理天道及家國天下為本體本位的公天下、打天下、治天下、平天下、家天下、私天下的價值觀念裡，佔據第一位的是孤家寡人的天子帝王在家國天下層面上神聖不可侵犯分割的公私一體、專制獨享的絕對權力。除了天子帝王之外，所有個人的自私自利之人權人欲都是不道德甚至是罪大惡極的，而且是隨時隨地要為既「天下為公」又「天下為私」的天子帝王奉獻犧牲的。宋明理學所謂的「存天理，去人欲」，講的就是這樣的一種滅絕人性的天道天理。陳天華的蹈海自殺和姚宏業的跳江自殺，都是在這種中國特色的私、公倒置的價值觀念中被奉為烈士楷模的。明明是一群學生私自創辦卻偏偏要號稱中國公學的所謂「公」字，就是這樣被喊出口的。

學潮發生時，擔任中國公學庶務長（庶務幹事）的張邦傑（俊生）正在外地籌款募捐，他回校後經常對王敬芳等人表示，遇有機會，總以將學生收回為是。在鄭孝胥1909年7月8日的日記中，就有這樣的記錄：「張俊生來，羅公毅來，皆議新公學停辦、各生仍歸中國公學之辦法。」

---

[15] 《鄭孝胥日記》，第1166頁。

1909年10月26日，主持在吳淞口建造校舍的張邦傑，因為積勞成疾病死在日本人創辦的上海佐佐木醫院中。張邦傑去世後不久，分離出去的中國新公學陷入絕境。有一天，當時名叫朱經的學生幹事朱經農，因憂愁過度而神經錯亂，走到徐家匯的一條小河邊跳下河去，僥倖被人救起才沒有像此前的陳天華、姚宏業那樣成為烈士。

1909年11月13日，中國新公學董事李平書及幹事羅毅、李琴鶴，與中國公學董事鄭孝胥及幹事梁喬山、譚心休會商公學合併辦法。

11月17日，中國公學和中國新公學召開合併會議，新公學接受老公學的合併條件，宣佈就地解散，願意回舊學校的自由回去，新公學的功課成績全部承認，新公學欠下的一萬元以上的債務也由老公學負責償還。合併後的中國公學，仍然以夏敬觀為監督。

1910年10月，在張邦傑主持下建造於上海郊外吳淞口的中國公學新校舍初具規模，開始接納新老學生。中國公學至此才算是有了一個正規學校的模樣。

胡適連同一年前帶頭鬧學潮的其他幾位強硬派學生，由於在感情上接受不了理想破滅的現實，拒絕回歸中國公學。更加老成的朱經農被中國公學聘請為算學教員，並兼任行政工作，他辦事幹練，人緣極好，在中國公學校園裡廣受歡迎。胡適退學後與林君墨（恕）、但怒剛（懋辛）、唐桂梁等革命黨同學混在一起，度過了一段寫詩、喝酒、賭博、唱戲、誑妓院的墮落生活，隨後在許怡蓀、朱經農等人規勸下振作精神，於1910年考取第二屆赴美國留學的庚款生。

到了事過境遷的1931年夏天，胡適擔心《四十自述》對於新公學學潮的相關敘述不夠公正，專門把底稿寄給在這場學潮中大受攻擊的教務幹事王敬芳，請他給予批評指正。王敬芳看過底稿，在回信中針對胡適主筆的《競業旬報》批評說：

> 當公學鬧風潮時，《競業旬報》是反對公學當局的惟一刊物，極力描寫公學內容之壞，學生之少。曾記某日該報一段新聞，大意是說中國公學因學生太少，令一河南賣筆者上堂充數，以撐局面云云。其實當日公學學生三百餘名，除因新公學成立退出半數外，下餘半數也不算很少；縱令很少，也不至令賣筆人冒充學生。今天我舉這件事，並不是說該報造謠，第借此證明新公學方面所得消息之一斑。[16]

胡適在《四十自述》中，專門檢討反思了自己當年激於義憤的殺伐之氣，說是「在《無鬼叢話》的第三條裡，我還接著說：『《王制》有之：托於鬼神時日卜筮以亂眾者，誅。吾獨怪夫數千年來之掌治權者之以濟世明道自期者，乃懵然不之注意，惑世誣民之學說得以大行，遂舉我神州民族投諸極黑暗之世界！嗟夫，吾昔謂數千年來僅得許多膿包皇帝，混帳聖賢，吾豈好罵人哉？』這裡很有『衛道』的臭味，但也可以表現我在不滿十七歲時的思想路子。」[17]

到了晚年，胡適在《容忍與自由》一文中進一步檢討說：

---

[16] 王敬芳致胡適，《胡適來往書信選》中冊，第152頁。
[17] 胡適：《四十自述》，歐陽哲生編《胡適文集》第1卷，第83頁。

「我在五十年前，完全沒有懂得這一段話的『誅』，正是中國專制政體之下禁止新思想、新學術、新信仰、新藝術的經典的根據。……我在五十年前引用《王制》第四誅，要『殺』《西遊記》、《封神榜》的作者。那時候我當然沒有夢想到十年之後我在北京大學教書時就有一些同樣『衛道』的正人君子，也想引用《王制》的第三誅，要『殺』我和我的朋友們。當年我要『殺』人，後來人要『殺』我，動機都是一樣的：都只因為動了一點正義的火氣，就都失掉容忍的度量了。」[18]

　　無論是中國公學還是中國新公學的創辦，說到底都是侷限於中國傳統文化以所謂天理天道及家國天下為本體本位的公天下、打天下、坐天下、平天下、家天下、私天下的天人合一、公私一體並且要「存天理，去人欲」的怪圈魔咒和思想牢籠之中的青年學生，「動了一點正義的火氣，就都失掉容忍的度量」的結果。針對胡適《四十自述》中關於中國公學和中國新公學的相關回憶，王敬芳在寫給胡適的回信中反思說：

　　　　中國公學便是從鬧風潮（指取締規則風潮而言）開闢出來的疆土。我是當時反對取締規則最力的人，但是今要問我取締規則對於中國學生有多大害處，我實在答應不出來。你是當時反對公學最力的人，看你這篇文章，今昔觀察，也就不同的多了。我想青年人並不是沒有理智，然往往因感情的衝動，理智便被壓抑了。中國學校的風潮，無時無之，無地無之，怕大多數是這種原因。學校中少一分

18　《容忍與自由》，臺北《自由中國》第26卷第6期，1959年3月16日。

風潮，便多一分成就。你是全國學界奉為泰斗的人，盼望你注意矯正他們這種流弊。

1932年9月27日，胡適為已經定稿的《四十自述》補寫了一段長注，針對王敬芳在「幾千字的長信」中進行的反思，發表了相對理性的個人見解：「我是贊成這話的，但是我要補充一句：學校的風潮不完全由於青年人的理智被感情壓抑了，其中往往是因為中年人和青年人同樣的失去了運用理智的能力。專責備青年人是不公允的。中國公學最近幾次的風潮都是好例子。」[19]

胡適所說的「中國公學最近幾次的風潮」，指的是他擔任中國公學校長之前和之後所發生的一連串學潮風波。正是這些「因為動了一點正義的火氣，就都失掉容忍的度量」的輪回學潮，直接導致中國公學盛極而衰的誤入歧途。但是，真正驅動「正義的火氣」並且決定「容忍的度量」的，說到底還是包括中年胡適在內的中國讀書人，死活不敢正大光明地公開主張人性本能的自私自利的個體人欲及其權利邊界。一群沒有根基於人性本能的自私自利的私有產權意識和邊界明確的公共法理意識的罷課學生，從一開始就想當然地要佔用中國公學的公共名義、套用官方的公共資源來創辦名不正言不順的民辦私學，在當時以及後世竟然沒有一個人站出來對這樣的公器私用、公私不分的怪胎學校表示質疑否定。直到今天，相關研究者對於中國公學所涉及的公私產權問題，也沒有一個人依據現代法理加以糾偏歸正。

---

[19] 胡適：《四十自述》，歐陽哲生編《胡適文集》第1卷，第96-97頁。

第三節　胡適出任公學校長

辛亥革命後，中國公學一度由孫中山、蔡元培、陳其美、于右任、黃興、宋教仁、熊克武等革命黨人參與主持。1913年的「二次革命」失敗後，中國公學又回到與梁啟超同屬立憲派的國會議員王敬芳等人手中。據王敬芳介紹：

> 統計我與中國公學的關係，自光緒丙午參與創辦後，六年之中，均在公學服務，奔走各省，籌款補助。……鼎革後，革命偉人，多出維持。二年二次革命失敗，公學無人負責，岌岌可危。我因為不忍心看著已死的朋友張俊生、姚劍生等的遺澤湮沒，又得胡君石青的幫助，乃挺身擔任公學責任。三、四年間，石青與我替公學籌款，種種困難，筆難盡述。四年夏天，福中公司成立，石青又幫我向福中請求，每年捐助公學兩萬元。（石青與公學並無歷史關係，出力獨多，這是我所最感激的。）總計我經手替公學所籌的款，數在二十萬以上。我當公學校長時，既不支薪俸，又不支川資……[20]

「石青」，指的是與王敬芳志同道合的河南籍國會議員胡汝麟。中英合資的福中公司，是河南省焦作煤礦的產權公司，與梁啟超、張東蓀、陳築山同為立憲派骨幹成員的王敬芳，長期擔

---

[20] 《王敬芳致胡適信》，《胡適來往書信選》中冊，第156頁。

任該公司的總經理。在胡汝麟、王敬芳的努力爭取下，福中公司決定每年拿出3萬元補助河南省內的公益事業，2萬元補助中國公學。中國公學因此得到繼兩江總督端方之後第二輪的常款資助。

　　在辛亥革命後的政治舞臺上，以孫中山為首的革命黨與以梁啟超為首的立憲派之間，一直存在著明爭暗鬥，中國公學無形之中成為兩大派系反復爭奪的一個據點。1919年4月6日，胡適在中國新公學教過的學生、曾在孫中山南京臨時總統府秘書處任職的楊杏佛（銓），在致胡適信中寫道：「前得高陽君來書云，中國公學近已由校友會決議複辦，踐四、叔永皆被舉為幹事，現已籌備開學，諸同學深願足下來任教務，囑先容。銓以兄為舊校友會中之健者，於公學復活必表贊同之。」

　　1919年4月20日，楊杏佛進一步介紹說：「中國公學重辦，本是難事。踐四忠厚熱心，自非王敬芳對手，現渠已決意如不勝王，則先宣告脫離關係，則事之棘手可知。」[21]

　　一度停頓的中國公學於1919年複校之後，由王敬芳出任校長。據王敬芳介紹：「民國十二、三年間，中國公學大學部與中學部分立在上海與吳淞兩處，因此費用浩繁。當時由張君東蓀、陳君築山分擔兩部分的主任，函電交馳，催為籌款。我當那個時候，還有挪借的力量，除托上海福中公司向浙江興業銀行、升和煤號各代公學借款數千元外，又在北方向各方挪借之款約有四、五萬元，內有陝西督軍劉鎮華君捐給梁任公先生之文化學院一萬元，後因文化學院未辦成，此款由公學借用。至民國十五年，財政部以福中公司統稅作抵，借鹽業銀行數十萬元。……孰知借款

21　楊銓致胡適信，《胡適來往書信選》上冊，第35、39頁。

以後，福中公司即被軍閥佔據，無力付公學捐款。」

1927年4月，國民黨北伐軍佔領上海，校長王敬芳辭職，主持校務的中國公學商科大學校長張東蓀為躲避通緝逃往租界，中國公學由國民黨籍校友何魯出任校長。[22]

何魯，1894年生於四川省廣安縣城何家山，是最早將近代數學引入中國的數學家之一。他於1907年進入上海中國公學讀書，後留學法國獲數學碩士學位。1927年6月24日，中國公學董事會在上海開會推舉新董事，確認四川籍國民黨元老熊克武為董事長，何魯為校長，蔡元培、葉景葵、夏敬觀、熊克武、楊杏佛、劉秉麟、何魯為常務董事。

1927年秋天，由中法兩國政府動用庚子賠款之餘款創辦的中法工業專門學校發生學潮，國民政府出面與法方協商，把學生轉到中國公學借讀。主管教育行政的大學院為此特准每月撥款2333元。不曾想，中法工專的學生接受的主要是西方化教育，平時穿的是西裝，與身穿長衫標榜革命愛國的中國公學學生格格不入。習慣於鬧學潮的中國公學學生，指責努力調和雙方矛盾的校長何魯偏袒中法工專的「拖油瓶」學生。

1928年3月，中國公學發生學潮，公學學生成立大學部整頓校務委員會，以何魯「經濟不公開，濫用私人，破壞黨化教育」等罪名，上書大學院要求撤換，並且公推校董于右任繼任校長。何魯因此憤然離校，于右任也不願繼任校長。

---

[22] 據嚴濟慈回憶，「何魯先生是四川廣安人。他夫人的哥哥，即他的大舅子叫朱芾煌，是袁世凱的紅人，擔任夔關監督。夫人的三個弟弟都是留法的。何魯1919年從法國回國，應聘到南京高等師範教數學。……我是在何魯先生家裡認識王雲五的。原來王雲五和何魯是師生之交，曾在中國公學（學校在吳淞口）教過何魯的英文。」見金濤《嚴濟慈先生訪談錄》，《中國科技史料》1999年第20卷第3期。

1928年4月26日，胡適在日記中寫道：「今天套上一件鐐銬，答應了去做中國公學的校長。近來中國公學有風潮，校長何魯不能回去，校董會中一班舊同學但怒剛、朱經農、丁爕音、劉南陔諸君，與雲五（舊日教員，也是校董）等都來逼我。今天雲五邀我吃飯，與怒剛諸人勸我，我一時高興，遂允為維持兩個月。此事殊不智，事後思思甚懊悔。」[23]

1928年5月5日，胡適在日記中記錄了自己的辦學思路：「到中國公學召集校務會議。通過三案：（1）校務會議組織大綱。（2）教務會議組織大綱。（3）學校章程起草委員會。我想從組織與法律兩方入手，不知有效否？」

6月10日，中國公學在上海召開董事會，依據大學院頒佈的私立學校校董會規程進行改組，通過校董會章程，確定校董名額15人，每兩年改選三分之一。經過投票推選，新成立的校董會成員為：蔡元培、于右任、熊克武、胡適、楊杏佛、夏敬觀、葉景葵、朱經農、何魯、王雲五、劉秉麟、但懋辛、王敬芳、馬君武、丁爕音。董事長為王雲五。

校董會章程是楊亮功根據胡適的囑託執筆草擬的，共有十條，蔡元培基於但懋辛、丁爕音兩校董當時兼任中國公學的總務長和秘書長，公學的改造經費主要由熊克武、但懋辛負責籌措的

---

23 曹伯言整理《胡適日記全編》第5卷，安徽教育出版社，2001年，第64頁。胡適出任中國公學校長，很大程度上是顧全大局的自我犧牲，時任校董會成員的朱經農在1928年7月24日致胡適信中寫道：「聞兄在中國公學依然每月只領夫馬費一百元，似不夠用。上學期所定夫馬費是一種過渡辦法，似不應永遠如此。今年你未在他校教書，僅此一百元安能度日？弟意兄可將家眷遷校內居住，從前的校長，本有這種權利的。薪水也應加高些。校中經費不足，宜從他項節省，不應專請校長盡義務，下次開校董會，等我來提議吧。此話你或不願聽，但我的感想如此，照實寫出，請你原諒吧。」《胡適來往書信選》上冊，第485頁。

實際情況，刪去了「現任校董不得兼任學校職員」的重要條款。蔡元培這種為遷就人事而放棄原則的權宜之計，為後來的易長風潮埋下了隱患。

楊亮功，名保銘，安徽巢縣（今巢湖市）人，早年就讀於北京大學文科，1919年與時任北京大學圖書館職員的表哥蔡曉舟合作編輯過第一部五四運動史料集《五四》。1922年，楊亮功受安徽教育廳派遣赴美國斯坦福大學教育學院公費留學，1927年12月在紐約大學教育學院通過博士論文答辯，回國後先在河南第五中山大學（河南大學前身）任文科主任。1928年5月赴廣州第一中山大學任職時路過上海，被胡適留在上海任中國公學副校長。用胡適的話說：「亮功來替我住校辦事，我可以不必時常到校。」[24]

6月25日，胡適在日記中寫道：「今日在中國公學行就職禮。套上這一箍，不知何日能解下。我所以不忍一丟就走的緣故有三：（1）熊錦帆、但怒剛、丁鷇音諸同學真熱心辦此事，我不忍丟了他們就走；（2）這個學堂當初確然於我個人的發展曾有大影響；我若不進中公，後來發展的方向當不同；（3）此時我行就職禮，可以表示一種態度，表示我不想北去。」

胡適之所以要表示「不想北去」，是因為國民黨內部以李石曾、易培基、吳稚暉等人為首的法日派和以蔡元培、胡適、傅斯年、蔣夢麟、王世杰、楊杏佛等人為首的英美派之間，正在為爭奪北京大學的主導權而反復較量。幾年前在《努力週報》公開批評過孫中山的胡適，在6月15日的大學院大學委員會會議上，甚至被惱羞成怒的國民黨元老吳稚暉當面斥之為「反革命」，胡適

---

[24] 胡適日記，1928年6月17日。曹伯言整理《胡適日記全編》第5冊，安徽教育出版社，2001年，第161頁。

因此不願意深度捲入這場引火焚身的纏鬥。

經過「從組織與法律兩方入手」的改革與整頓，胡適於1929年把中國公學合併為三院六系：文理學院，下轄文史學系、數理學系。社會科學院，下轄政治經濟學系、法律學系。商學院，下轄普通商學系、銀行會計學系。胡適自己兼任文理學院院長，高一涵任社會科學院院長，劉南陔（秉麟）任商學院院長，楊亮功任副校長統籌全校行政事務。中國公學一時間人才濟濟，教師中的馬君武、羅隆基、梁實秋、鄭振鐸、張慰慈、陸侃如、馮沅君、黃白薇、楊鴻烈、全增嘏、程仰之、劉南陔、戴君亮、葉公超、饒孟侃、王造時、傅東華、沈從文等人，大都是知名的學者和文學家。學生中的吳健雄、吳晗、羅爾綱、嚴濟慈、胡頌平、何其芳等人，後來也各有成就。

當年的胡適、馬君武、羅隆基、梁實秋、葉公超等人，都是國民黨的一黨訓政和黨化教育的反對者。1929年4月26日，胡適在日記中記錄了他與馬君武的一段對話：

> 馬君武先生談政治，以為此時應有一個大運動起來，明白否認一黨專政，取消現有的黨的組織，以憲法為號召，恢復民國初年的局面。這話很有理，將來必有出此一途者。君武說，當日有國會時，我們只見其惡，現在回想起來，無論國會怎樣腐敗，總比沒有國會好。究竟解決於會場，總比解決於戰場好的多多。我為他進一解：當日袁世凱能出錢買議員，便是怕議員的一票；曹錕肯出錢買一票，也只是看重那一票。他們至少承認那一票所代表的權力。這便是民治的起點。現在的政治才是無法無天的政

治了。

1929年8月13日，胡適在日記中保存了一份標題為《本市三區第三次全區代表大會議決案——胡適言論荒謬請教部撤職，請中央嚴厲制止學閥活動，建議對赤俄臨時方針三項共計重要案件四十項》的剪報。這裡的所謂「言論荒謬」，指的是胡適在同人刊物《新月》上接連發表的《人權與約法》、《知難行亦不易》、《我們什麼時候才可有憲法？》等幾篇文章。

8月25日的胡適日記中，另有標題為《本市執委會第四十七次常會呈請撤懲中國公學校長胡適並開除蘇民政廳長繆斌黨籍》的剪報。

8月27日，胡適在日記中寫道：「《時事新報》程滄波先生的社評，載在下頁，是前夜在俞大維家中吃飯時楊杏佛出的主意。杏佛的意思是要他指出我的主張極平常，沒有干涉的必要。但文中不妨指駁我的一部分的話。今天我見了此文，不覺失笑。上海的輿論家真是可憐！今早到中公監考。投考入學考試者四百七十六人，為中公有史以來所未有。青年人居然不怕『反革命』的招牌！這是絕可安慰我們的一件事。」

程滄波、俞大維、楊杏佛（銓），都是國民黨內的新銳人士。國民黨的「輿論家」程滄波署名發表在《時事新報》的社評，標題為《胡適之最近幾篇文章》。

8月29日，胡適在日記中收錄標題為《中公校長胡適反動有據市黨部決議請中央拿辦》的剪報，說是「上海特別市執行委員會於昨（28日）上午十時開第四次常會，到執委范爭波、施公猛、湯德民、鄧通偉、童行白、潘公展、陳德征，列席監委王延

松、朱應鵬，候補執委員吳伯匡、楊清源、陶百行、侯大椿。主席范爭波，行禮如儀。茲將討論事項及臨時動議摘錄如下：臨時動議：……五、宣傳部提，中國公學校長胡適，公然侮辱本黨總理，並詆毀本黨主義，背叛政府，煽惑民眾，應請中央轉令國府，嚴予懲辦案。決議，呈請中央。」

隨著由胡適作序的《人權論集》由新月書店公開出版，國民黨當局對於胡適、羅隆基等人的輿論圍剿層層加碼。1930年1月20日，胡適為顧全大局，向中國公學校董會提出辭職申請，推薦馬君武接任校長。2月5日，在教育部任職的校董會成員朱經農受部長蔣夢麟委託，給胡適帶來關於中國公學的《中央執行委員秘書處公函》，胡適當場表示說：「不用什麼干涉，我是一月十二日辭職的了。」[25]

事實上，胡適1月20日的辭職並沒有獲得批准。直到5月5日，校董會才正式批准胡適辭職，任命原中國公學總教習、國民黨元老馬君武接替校長職務。5月15日，中國公學校董會代理董事長蔡元培致信胡適，對他在校長任內取得的成績給予充分肯定：「謝謝先生兩年多在中公的努力。兩年多的中公，無論從學生的數量上或思想上，都有很大的發展。無論何人，到於今不能不承認中公是中國較好的大學。然而這是兩年前將近破產的學校，把這個學校從破產中救了出來，使他有很大的發展，這是先生兩年多的努力。」[26]

---

[25] 曹伯言整理《胡適日記全編》第5卷，第662頁。
[26] 《胡適來往書信選》中冊，第15頁。

第四節　中國公學的易長風波

馬君武（1881-1940）是廣西桂林人，少年時代家貧而好學，早年留學日本，是同盟會的主要發起人和同盟會章程起草人之一。1905年，馬君武與王敬芳、張邦傑、姚宏業等人共同創辦中國公學，擔任第一任也是唯一的一任總教習。由於有人向官府報告馬君武是革命黨人，致使他無法繼續任職。王敬芳、張邦傑通過鄭孝胥向廣西巡撫張堅伯推薦，馬君武被張堅伯公派到德國留學。胡適當年在《競業旬報》第35期發表《聞所聞錄》，專門介紹馬君武的少年經歷：「吾未見有苦學如吾君武者也。少孤家貧，無以為學，其鄉有某君者，藏書至富，君武往來其家，盡讀其書。」

辛亥革命爆發後，馬君武回到上海，公開發表文章推崇孫中山，並且謾罵攻擊抵制孫中山回國出任臨時大總統的章太炎、陶成章、宋教仁、譚人鳳等人。孫中山出任臨時大總統後，馬君武先後出任南京臨時政府實業部次長和國會參議員，為堅持讓袁世凱南下接任臨時大總統，他還當眾拳打過宋教仁。1913年「二次革命」失敗後，馬君武領取稽勳公款再度赴德國留學，獲工科博士學位。

1916年6月9日，正在美國留學的胡適在日記中記錄了與馬君武的久別重逢：「馬君武先生於五月三十日自歐洲返國，道出紐約，相見甚歡。適與先生別九年矣。……先生留此五日，聚談之時甚多。其所專治之學術，非吾能測其淺深。然頗覺其通常之思想眼光，十年以來似無甚進步。其於歐洲之思想文學，似亦無所

心得。先生負國中重望，大可有為，顧十年之預備不過如此，吾不獨為先生惜，亦為社會國家惜了。」

馬君武回國後，參加了孫中山發起的護法運動，先後任廣州軍政府交通部長、非常大總統府秘書長和廣西省省長。1922年11月，馬君武奉孫中山之命把廣西省政府從南寧遷到靠近廣州的梧州，船過貴縣（今貴港）時與李宗仁部將俞作柏發生槍戰，馬君武的愛妾彭文蟾中彈身亡。受到驚嚇的馬君武宣佈辭職，全家搬到距離上海寶山縣城約十裡的楊行鎮，置地幾十畝過了將近一年的農耕生活。

1924年，廈門大學教授歐元懷、王毓祥等人帶領部分鬧學潮的學生來到上海，在法租界籌辦大夏大學，馬君武應邀出任該校校長。同一年，馬君武和馮自由、章太炎等人發表宣言，反對國民黨改組並實施聯俄、聯共、扶助工農的三大政策。

1925年2月，馬君武參加段祺瑞的善後會議。1926年，馬君武先後被段祺瑞執政府任命為司法總長和教育總長。馬君武雖然沒有到任履職，1926年1月召開的國民黨第二次全國代表大會，還是以違紀為由開除了他的黨籍，馬君武因此變成國民黨廣州政府的一名敵對分子。

十多年前已經「為先生惜」的胡適，偏偏推薦馬君武接任自己的校長職務，實在是應該「為胡適惜」的一大憾事。在胡適任內已經進入軌道步入佳境的中國公學，就是在馬君武手中被敗壞斷送的。

1930年2月6日，胡適在日記中記錄了推薦馬君武為繼任校長的大致經過：「丁燮音與馬君武先生同來，談中公校長事。我堅請君武先生繼任，他仍推辭。後來我們三人同去訪蔡先生，他也

力勸君武。君武始有允意。我請戴音代我辦交代事,我另草一校中佈告稿。」

胡適親自撰寫的佈告稿貼出後,丁戴音卻聯合部分教職員節外生枝,以全體教員名義公開集會挽留胡適,國民黨當局也提出由位高權重的國民黨元老、監察院長于右任兼任校長的動議,從而啟動了中國公學的新一輪風潮。

1930年10月30日,已經到北平就任中華教育基金會專職董事兼編譯委員委員長的胡適,返回上海接家眷北上。他在第二天的日記中,記錄了發生在中國公學的新一輪風潮:

> 昨晚到上海,始知中公校董事會昨晚六時集會,亦不知為何事。但今早蔡先生令人來請我去,到那邊始見雲五、南陔都在,雲五眼淚欲墜。始知昨晚校董事會准君武辭職,而報紙今晨登出「馬君武干犯黨怒,著即免職」的怪新聞。雲五疑是丁戴音所為,故大憤恨。與諸人談,略知此事真相。此皆丁戴音與杏佛二人造成的。杏佛已與于右任先生接洽好了,真有免君武職的局勢,故雲五代君武辭職,以保全君武。小人猶不滿意,故造出免職的話。細看《時事新報》所登李雄一函,可知此消息不是戴音所傳,乃是李雄所發。但李雄得自何人呢?夜作一函與蔡子民,勸他稍離躁妄的佞人。

胡適所說的「躁妄的佞人」,主要是指時任中央研究院院長總幹事的國民黨要員楊杏佛(銓)。1925年的南京東南大學易長學潮,就是由與校長郭秉文關係緊張的該校教授楊杏佛挑起發

動的。五年之後，身為中國公學校董會董事的楊杏佛等人故伎重演，趁馬君武到日本參加學術會議的機會，煽動黨員學生嚴經照、李雄等人發動新一輪的易長學潮。同為國民黨元老的校董會董事長蔡元培和校董會董事于右任，無形之中成了楊杏佛、丁燮音等人導演這場易長學潮的大頭傀儡。[27]

胡適寫給蔡元培的原信已經丟失，他的日記中收錄有蔡元培寫於第二天的回信：「中公事既由雲五先生催馬先生速回，能來與否，想即日可得消息。適凌王二君來，弟已勸其依照馬校長囑託，繼續維持，（弟爾時尚未讀尊函，所見相同。）二君亦並無難色。似不必再以校董會名義囑託之，因一用會名，又非開會不可也。」[28]

「凌王二君」，指的是當時的中國公學教務長凌舒謨和總務長王宏實。

1930年11月2日，上海《時事新報》刊登標題為《中公校長問題》的文章，其中收錄有蔡元培簽名的《中國公學校董會佈告》，說是「茲因馬校長辭意堅決，特由本會於本月三十日會議，推舉于校董右任先生為校長」。

同時收錄的還有中國公學大學部的一份聲明，其中公佈了學生大會通過的四項議案（1）一致擁護馬君武為中國公學校長；

---

[27] 在此之前的1929年1月3日，胡適在極力平息由楊杏佛挑起的中華文化基金董事會改選風波的同時，就在日記中斥責過楊杏佛：「到杭州開中華文化基金董事會的第三次常會。同行者周寄梅，顏駿人，貝諾德及財政秘書顧季高。……楊杏佛放了一把火，毫不費力；我們卻須用全部救火隊之力去救火！……他們忍辱遠來，為的是顧全大局，給這個政府留一點面子，替一個無識妄人圓謊。寄梅與駿人在基金會任職最久，最勤勞有功，而這班渾人反加以罪名，如何叫人心甘！」見曹伯言整理《胡適日記全編》第5卷，第341頁。

[28] 曹伯言整理《胡適日記全編》第5卷，第842頁。

（2）選出代表請求校董會收回免馬校長職之成命；（3）取消丁
彀音校董職及校董會秘書職；（4）追索丁彀音從前吞沒校款一
萬三千元，倘不償還，即以刑事起訴。

　　胡適在與中國公學前任總務長丁彀音長談之後，於當天寫出
致《時事新報》的公開信，一方面對於挽留馬君武的議案表示贊
成，一方面替丁彀音辯護說：「丁先生在我任中公校長時兼代總
務長，絕無吞款一萬三千元之事。」

　　11月3日，胡適在日記中記錄了他與蔡元培的直接交涉：

> 　　今早去看蔡先生，他的態度和緩一點，願意發一電
> 與君武先生促他早回。下午他來看我，把電稿給我看，我
> 勸他早發。歐元懷先生來看我，他說，蔡先生見中公學
> 生代表時曾大發脾氣，說，他到中公時，禮堂上既無黨國
> 旗，又無總理遺像，又不讀遺囑。此老健忘，他來時還在
> 我任內，不讀遺囑是實，其餘皆非也。黨國旗本來掛在校
> 中，我並不曾廢去；中山是中公舊校董，故他的遺像與姚
> 烈士、張（邦傑）、梁（喬山）兩先生同掛校中。此老今
> 日倒馬，難道是追怪我任內不讀遺囑嗎？下午學生代表劉
> 公任、巫摩白來，也說蔡先生曾對他這樣說。前天他們去
> 見他，他的態度很壞。他不肯發電報請君武回來，他說，
> 「校董會可以叫他回來辦交代，不能發別的電報」。[29]

---

[29] 曹伯言整理《胡適日記全編》第5卷，第839-841頁。在推行國民黨一黨訓制的黨
化教育方面，胡適一直是堅定的反對者，蔡元培、楊杏佛卻是有選擇地時而合作
時而反對。關於這一點，胡適在1930年2月1日的日記仲介紹說：「政府中有人近
來很和中央研究院為難。院中去年得文化基金董事會允撥五十萬為理化工程研究
所的建築費，建築工程即將開始。上月中央政治會議忽決議令研究院停止工作，

1930年11月4日，正當胡適忙於平息中國公學的易長風波的時候，又發生了羅隆基被捕事件。

胡適在當天日記裡介紹說，他在蔡元培家吃午飯時，得到羅隆基在中國公學上課被捕的消息，「我即托蔡先生去尋市長張嶽軍（群），一面托昆三去尋公安局長袁良。我打電話給宋子文，要他即為設法。並打電話安慰羅夫人。一會兒，一涵、舒謨都來了。舒謨見了公文，隆基之外，尚有學生鄧中邦、張耀先二人也在拘捕之列。」

經過胡適、蔡元培等人多方奔走，羅隆基於當天晚上六點多鐘獲釋回家，並在電話中告訴胡適：他的被捕是市黨部八區黨部告的，警備司令部令公安局拘捕。罪名是「言論反動，侮辱總理」。

事情到此並沒有結束。11月6日，由丁燮音撰稿、蔡元培簽名的中國公學校董會佈告在校園中貼出，說是「兩年前，本校全體同學打電報、派代表，催請不來的於校長右任先生，這一次經校董會推選，和我代表校董會再三敦勸，各教職員各同學再三歡迎，他才答應我們，准於本月十日到校。」

11月7日晚上，上海公安局奉八區黨部命令，強行闖入校園逮捕學生代表張耀先，並在校園周圍實戒施嚴。

務須遷到南京。杏佛奔走多次，——十四日之中，往返南京、上海八次！——行政院與國民政府方面已疏通好了，呈複到政治會議，忽然蔣介石自己主席，力主令研究院將所有研究所一律於四月以前遷到南京，建築工程立即停止，進行中的一切設備均於四月前遷往南京。……此令昨日到研究院。蔡楊諸君在前年屢次用政府勢力壓迫學術文化機關，而自己後來終想造成一個不受政府支配的學術機關，此是甚不易做到的事。果然今日自己受威力壓迫！而杏佛的語氣似是想用他前年極力摧殘的中華文化教育基金會來替他搪塞！此真是作法自斃。但政府中人借研究院來報復蔡先生不合作的態度，更屬可恨。今日我去看蔡先生，勸他不要輕易放棄，須力爭學術團體的獨立。」

11月10日清晨，胡適還沒有起床就收到蔡元培的來信：

　　兩函敬悉。弟昨夜自常熟回，今晨赴京，因北大同學會今晚開會也。中公事請公與于君商妥，弟並無成見。

胡適閱信後在日記中寫道：「床上得蔡先生一信，不禁大笑。此老又跑了！」[30]

在蔡元培像五四運動關鍵時期那樣「又」一次臨陣脫逃的情況下，胡適只好直接致信于右任，鄭重通知「君武明日下午可到上海」，勸告他推遲到中國公學就職上任的時間，以便等馬君武回國後共同到校辦理交接手續。

于右任置胡適的勸告於不顧，堅持於當天下午到校維持。面對學生的反對呼聲，于右任不得不公開表示：「予以多病之身，事務又紛紜萬狀，就事實上言，絕對不能當校長，第以學生方面學業為重，擬於董事會未有相當辦法之前，暫為維持。」[31]

號稱「暫為維持」的于右任，帶給中國公學的是全校罷課的困境僵局。他非但沒有繼續維持，反而撇下一個爛攤子到南京參加國民黨四中全會去了。負責收拾罷課僵局的，是胡適、王雲五、劉南陔和第二天下午從日本歸來的馬君武。

1930年11月12日，胡適、王雲五以常務董事的名義，攜帶馬君武勸告學生「即日復課，靜候校董會解決」的親筆信函到校訓話，並以大會表決方式要求學生第二天復課。當天晚上，胡適再次給正在南京參加國民黨四中全會的蔡元培寫信，希望他儘早返

30　曹伯言整理《胡適日記全編》第5卷，第848頁。
31　《中公學生罷課》，《新聞報》，1930年11月12日。

回上海平息學潮。

第五節　馬君武的自行回校

1930年11月14日，上海報紙公開刊登擁護馬君武的「中國公學全體學生代表團」和反對馬君武、胡適的「吳淞中公學生解決學潮同盟會」針鋒相對的兩份聲明。

11月16日，上海《申報》刊登《市宣傳會議為中公校長問題宣言》，以上海特別市黨部宣傳部的名義大肆攻擊胡適、馬君武：

> 中國公學之創設也，其歷史不可謂不久，創辦人之苦心經營，尤為中外人士所共見。自胡適潦倒海上，執掌該校後，以野心之未逞，更主編《新月》雜誌，放言怪論，詆毀總理，狂詆主義，誣衊中央，凡煽動人心之言，危害黨國之論，無所不用其極。……國家主義派等以為搖旗吶喊嘍囉，並欲利用少數學生把持全體同學之組織，操縱全體同學之意志，……凡稍有熱心愛黨國者，莫不欲得胡氏以謝天下。

11月17日，準備舉家北上的胡適給蔡元培寫信表明心跡：「我的行期已定廿六日，以後更不能與聞中公事了。收拾亂局之責全在校董會，所以我屢次不避嫌疑，為公進言。我在校二年，學生增至三倍，不曾罷一天的課。故此次見學生罷課，心有所不忍，遂又不避嫌疑，力勸學生複課。……於今複課也成了我的罪狀了。」

11月19日，馬君武回到中國公學，照常講授他的西洋近代文化史課程。當天下午，馬君武召集全校同學到大禮堂開會，他在大會上解釋說：

> 　　當初我本不打算來接中國公學的，因胡校長急欲脫身，極力相勸，及校董會一再催促，才決定前來，暫且維持一年半載，想不到校董會竟聽信讒言，乘我出國機會，做出如此荒謬決定！……我今天之所以回來，是完全為了怕大家繼續罷課，荒廢學業，希望大家從今天起照常安心上課，以學業為重！[32]

　　馬君武甚至表示，自己即使沒有校長的身分，也要繼續為中國公學承擔一份責任。但是，他的苦心表白已經不能贏得大多數教職員的諒解響應。此前一天的11月18日，改任安徽大學校長的楊亮功以後學身分致信胡適說：

> 　　今日滬報載中公學潮，竟涉及先生。此次之事，完全係馬、丁衝突之結果，先生大可置之不理，何必為一人開罪一人。惟所謂同盟會對於先生竟毫不留餘地，殊為可恨，「指導」者應負其責。昔日迎胡拒於，今日拒馬迎於，先後矛盾，出自一人，無非欲操縱學校而已。現於為楊所誤，楊為丁所誤，相持既久，將來問題正多。此事甚望先生與一涵先生詳細一談，以免隔閡。亮功本欲在滬多

---

[32] 羅佩光：《中國公學和兩位最可崇敬的校長》，《私立中國公學》，第271頁。見章玉政著《光榮與夢想：中國公學往事》，第261頁。

住數日，因中公事發生，為避免是非計，故匆匆回省。先
生北上之期已定否？

　　在這封信的末尾，另有中國公學前任校長何魯的附言：「魯
附筆問你的好，亮功之意弟極贊同。」
　　11月20日，中國公學社會科學院院長高一涵，在轉交楊亮功
來信的同時也附信一封，說是「此事你我皆在局中，我之不能勸
你，亦猶你之不能勸我，然旁觀者的意見究竟不能抹煞……」[33]
　　1929年6月，安徽省教育廳長兼安徽大學校長程天放辭職，
胡適拉楊亮功一起署名推薦正在武漢大學以副校長名義主持校務
的前安徽籍北京大學教授王星拱（撫五）接任安徽大學校長，王
星拱便要求楊亮功出任安徽大學秘書長兼文學院長。楊亮功抵達
安徽大學之後，王星拱把安徽大學的全部校務交給楊亮功處理，
他自己返回武漢大學後再沒有過問安徽大學的事情。楊亮功無奈
之下給胡適寫信尋求幫助，胡適在1929年9月15日的日記中摘錄
了寫給楊亮功的回信：

　　　　至於你的去就問題，我仔細想了，你此時千萬不可就
　　安徽大學總秘書之職。文學院長若撫五必須要你做，不妨
　　一試。……本校的事，此時稍有眉目，但我已決心將搬家
　　一件事辦理停當，即行脫離中公，──無論校董會如何留
　　我，我決不再留了。所以我也不再勉強留你。請你自己決

<hr />

[33] 《胡適來往書信選》中冊，第30頁。信中的馬即馬君武，丁即丁燮音，楊即楊杏
　　佛，余即于右任。

定，決定後，請給我一電。[34]

在上述文字之後，胡適很不厚道地給楊亮功寫了一段評語：「亮功任中公副校長，已一年餘，辛苦之至。他極有責任心，而能力不高，故極覺痛苦。此次我決心不再留他受苦了。」

平心而論，楊亮功之所以「辛苦之至」，恰恰是因為胡適本人在校務管理方面「能力不高」，不得不把自己分內的事情推脫轉嫁給了年僅34歲的精力充沛的楊亮功。中國公學能夠走上軌道，除了胡適的名人效應軟實力之外，更加紮實可靠的還是楊亮功兢兢業業的責任心。

1931年8月，楊亮功辭去安徽大學校長的職務，應蔣夢麟、胡適的邀請，回到母校北京大學任文學院教育系教授。1952年11月19日，胡適從美國返回臺灣短期講學，時任監察院秘書長的楊亮功全程陪同。1958年4月，胡適出任中央研究院院長，楊亮功與毛子水、陳雪屏、錢思亮、徐高阮等人，時常以弟子身分陪伴在側。楊亮功晚年回憶起中國公學時，並沒有炫耀自己如何辛苦，更沒有抱怨自己「極覺痛苦」，而是在強調自己精神充實、任勞任怨的真情付出：

> 我在公學這一段期間，工作極有規律而生活單純，家眷住上海，我寄宿於學校。每週三晚上回上海，第二天早上赴真如，因為我兼任國立暨南大學教育統計兩小時的功課。午餐後回吳淞。星期六晚回上海，星期一晨回學

---

34 曹伯言整理《胡適日記全編》第5卷，第502-503頁。

校。在校中每日除辦公時間外，早晨照例巡行全校一周，晚十二時在就寢前須至學生宿舍查看一遍，因為恐怕學生於電燈熄滅後燃燭看書的緣故。當我穿過大操場至學生宿舍時，要走很長的一段路，北斗低垂，萬籟皆寂，這種情景，有非平時所易領略者。[35]

　　假如當年的胡適能夠排除論資排輩的心理而充分尊重楊亮功兢兢業業的辦學苦心，離開中國公學時把繼任校長或代理校長的職位留給年富力強並且相對單純的楊亮功，中國公學的命運應該是另一個樣子的。

　　馬君武接任校長初期，高一涵曾經致信胡適，先是替中國公學文牘陳廷禎辯護，說是有人懷疑小報《禮拜六》上肆意詆毀胡適、羅隆基的文章是陳廷禎所為，陳廷禎兩周前離校返回浙江家鄉，他已經專門去信詢問此事，並且認為「陳君決非做此事之人」。接下來，高一涵談到自己的去留問題：

　　　　中公是非真多，上學期已得兄允許，准我辭卸一切職務，馬校長處請代為助一臂之力。我實不願受此無期徒刑，教書已夠生厭了，教書外更受莫須有之冤，真是冤哉

[35] 楊亮功：《早期三十年的教學生活·五四》，黃山書社，2008年，第53頁。關於蔡元培、胡適二人在校務管理方面的能力不高、辦事糊塗，蔣夢麟在傅斯年去世之後寫作的《憶孟真》一文中曾有所涉及：「十二月十七日為北京大學五十二周年紀念。他演說中有幾句話說他自己。他說夢麟先生學問不如蔡子民先生，辦事卻比蔡先生高明。他自己的學問比不上胡適之先生，但辦事卻比胡先生高明。最後他笑著批評蔡胡兩位先生說，『這兩位先生的辦事，真不敢恭維』。他走下講壇以後，我笑著對他說『孟真你這話對極了。所以他們兩位是北大的功臣，我們兩個人不過是北大的功狗』，他笑著就溜走了。」文載臺北《中央日報》1950年12月30日。

枉也。[36]

1930年8月4日的日記中，胡適另有「為中公事，和馬君武先生去訪伯麓和一涵」的記錄。

楊亮功所說的「為一人開罪一人」，指的是胡適為了支持馬君武而得罪與楊杏佛、蔡元培等人關係密切的丁燮音。所謂「以免隔閡」，指的是社會科學院院長高一涵和中國公學的多數同事，當時都是站在堅決抵制馬君武的另一方的。

1930年11月23日，胡適在日記中記錄了他以犧牲法理常識和程序正義為代價，繼續替馬君武開脫辯護的非理性態度：

> 郭有守與楊皙子之女慧雲結婚，我去觀禮。見著蔡先生，與談中公事，我說，「經農有信來，不以君武到校為然，其實這有何可怪？我本年一月十二辭職，直到五月九日始正式交卸，校董諸公並不以為非。何獨怪君武此時回校維持呢？」他深以為然。

事實上，蔡元培對於胡適的說法並不是「深以為然」，他在第二天給胡適寫信說：

> 熊、但二君有彈劾書，弟聞之而未得讀；因雲五先生既代表辭職，無待彈劾，勸丁燮音先生不必提出會議，故弟亦不復索讀；丁先生謂書在弟處，誤也。「或有同

---

[36] 《胡適來往書信選》中冊，第37頁。

等學力者」一條未恢復以前，對於假文憑實不能寬恕；猶之我等未曾實行共產而廢錢幣以前，對於偽造紙幣等不能承認也。收回學生，弟亦聞不過十餘人，然聞所收學生程度有甚低者；又聞招考已過，而陸續收生直至開學日。為多得學費而濫收學生，本私立大學通病；但太濫則校譽不免有損。馬先生既已辭職，既往不咎，望繼任者隨時補救耳。[37]

11月26日，馬君武撇開校董會單方面發表公告，宣佈自己到校視事，也就是繼續履行校長職權，校內一切由他完全負責。為了樹立威信，他開始清理校內的反對派力量，社會科學院院長高一涵首當其衝，被馬君武以曠課較多為由撤銷職務，改聘王雲五繼任。商務印書館總經理王雲五當時忙於應付館內的罷工風潮，並沒有繼任該項職務。

1930年11月28日，胡適全家乘火車離開上海，於11月30日抵達北平，住進米糧庫四號的新家。對於千里之外的胡適來說，學潮中的中國公學依然是他魂牽夢繞的一塊心病。

12月4日，中國公學教授、翻譯家傅東華在信中寫道：「前函曾預料中國公學必有風潮，近果爆發，弟終不獲免，南陔亦被殃及。耀楣任用感情，不免受人利用，殊為可惜。目下弟等辭職而被利用學生猖獗異常，值蔡先生赴漢，杳佛無法收拾，正不知如何結束。總之，上海教育完全破產，各校均有暗潮，隨時可以

---

[37] 《胡適來往書信選》中冊，第31頁。信中的「熊、但二君」指中國公學校董會董事熊克武、但怒剛。

發作。吾輩無政治手腕，唯有甘自落伍，以讓健者。」[38]

1930年12月24日，蔡元培在寫給胡適的回信中答覆說：「中公目前馬先生業已積極維持，無待校董會正式委託；董事長如未得校董會同意，個人亦無正式表示之權；尊囑弟未敢遵行，雲五、南陔兩兄亦同此觀察；尚希鑒諒。至此校解決方法，擬俟大駕到滬後，召集校董會推誠商討而後定。夢麟兄想已到北平，北大事當與先生商及，希望有一永久之計畫，循序漸進，以造成理想中之北大也……」

蔡元培信中所說「夢麟兄想已到北平」，指的是教育部長蔣夢麟在國民黨內部的派系之爭中被迫辭職，改任北京大學校長，教育部長一職暫時由蔣介石親自兼任，由李書華、陳布雷任教育次長。隨之而來的，是全國範圍內新一輪黨化教育的全面展開。

第六節　國民黨當局接收中國公學

1931年1月5日，胡適為參加中華文化基金董事會第五次常會，與趙元任、陳衡哲等人結伴南下，於1月7日深夜抵達上海。1月8日上午，胡適見到已經喪失其正當合法性的中國公學校長馬君武：

> 與Greene[顧臨]同去看徐新六，介紹他們談基金投資的事。君武在那邊，見了我一定要拉我去隔壁鄧脫摩飯店

---

[38] 《胡適來往書信選》中冊，第33頁。劉南陔（秉麟）時任中國公學常務校董兼商學院院長，屬立場中立的中間派，胡耀楣任文理學院數理學系主任，屬反對馬君武一派的主要教員。

吃飯,說潘光旦、隆基、全增嘏、董任堅皆在座。我過去見了他們,談了一會。光華有風潮,君武想拉光旦去做社會科學院院長,任堅去做教務長,增嘏回去教哲學。此時中公似不宜大更動,但我不便說什麼。[39]

1931年1月13日,《時事新報》以《光華小糾紛解決》為標題,公開發表私立光華大學校長張壽鏞就黨化教育問題致教育部電和教育部複電。張壽鏞在電文中按照教育部的要求公示了善後辦法:

> (一)校訓改為「格致誠正」。(二)紀念周從前不合儀式,茲遵照按周舉行。(三)廖(茂如)副校長於東南舊案絕無關係,有研究院楊(杏佛)副院長可以證明;現在既據廖副校長迭請辭職,已提出校董會擬請專任中學。(四)教員思想益求整飭。(五)學風更求嚴肅。(六)已開除學生,不准自請恢復學籍,由校斟酌情節輕重,給予修學證,俾得轉學。現屆十一日開學之期甚近,務請鈞部電賜訓示……

教育部在肯定張壽鏞推行黨化教育的相關措施的同時,明確要求撤銷羅隆基的教授職務,罪名是「言論謬妄,迭次公然詆本黨」。胡適見報後立即做出反應:「此令既發表,便難收回了,故我又去看井羊,問他此事應如何辦。我們談了許久,仍托他向

---

[39] 曹伯言整理《胡適日記全編》第6卷,第7頁。

陳布雷說，羅事系個人負責的言論，不應由學校辭退他，更不應由教育部令學校辭退他。我說，如布雷願意和我面談此事，我可以一行。井羊今晚走了。」

胡適剛剛為羅隆基事件拜訪過金井羊，中國公學教務長凌舒謨又找上門來，「說他剛回校，便聽說馬君武先生已聘董任堅為教務長，並聞有兩廣學生二百餘人簽名攻擊凌君。他疑心是君武的手段。我力辯君武不至如此卑劣。但君武此時換教務長是不好的，不先和凌君商量，尤為不當。我為此事，特見君武，頗怪他鹵莽。我說明我決不能干涉他換舊職員，但禮貌總須周到。禮貌是『惠而不費』的，君武一生吃虧在此一點上。君武允即日去看凌。但裂痕已顯，中公又添一層隱害。」[40]

1月14日晚上，胡適在日記中收錄了馬君武發表在《中公學生》第八期的《中國公學校史（續胡前校長）》，其中著重介紹了這次易長學潮的黨派背景：

中國公學學生在本學期增加至一千三百餘人。改組派仍進行壟斷學生會工作不已，因中國公學政治經濟系學生人數最多，須先出死力謀壟斷政治經濟系，於十月十四日晚開籌備系會時，由改組派學生嚴經照、李雄（改組派學生多尚掛國民黨籍，此二人亦然。此二人之改組派論調，可於中公出版之社會科學院院刊及《炮臺》得之。已由中公國民黨忠實學生摘出向黨部檢舉。）向駐紮吳淞營部控告反對彼等包辦學生會之鄧中邦、魏佐翰、林宏亮、張國

40　曹伯言整理《胡適日記全編》第6卷，第10頁。

輝四人為共產黨，請即派兵拘捕。魏佐翰為運動選手，天真爛漫，不知黨派為何物。林宏亮則亦為大陸大學轉到中公之學生，而不與彼等合作，因是遂為彼等所痛恨者。營部得報後，深夜派兵來校搜檢，並未查得何種證據，但仍循彼等之請，拘去鄧中邦、魏佐翰二人，但以並無證據之故，不久即准學校保出。

學校方面，以學生競爭學生會選舉之故，竟敢誣反對方面或彼等所不快意之人為共產黨，欲斷送其生命，手段太過殘忍，為保持學校及全體學生安寧之故，十月十九日宣佈開除李雄、嚴經照學籍。吳淞八區黨部為彼二人所鼓動，發出通電，指君武為包庇反動。校董會丁毅音前代理中國公學總務主任，以帳目不清去職，時時謀向君武報復，深與彼發縱指示。遂乘此機會，謀彈劾校長，預定罪名為「干犯黨怒，應即免職」八字。彼以為必可通過，竟交李雄送各報發表（有十月三十一日《時事新報》可證）。不料十月三十日夜在一品香開會，有校董王雲五先生以為此惡例不可開，遂代君武辭職。時君武方赴東京出席日本學術協會，此為半年前約定之事，彼等遂造謠謂君武受禍逃匿矣。

在同一天的日記中，胡適還收錄有落款為「中國公學大學部學生梁耀垣等九百六十二人謹呈」的《中國公學全體學生呈教育部文》，其中的措辭與馬君武的「校史」惟妙惟肖、如出一轍。

馬君武所說的改組派，正式得名於1928年冬天由陳公博、顧孟余、王法勤、王樂平、郭春濤等人在上海召開的奉汪精衛為精

神領袖的「中國國民黨改組同志會第一次全國代表大會」。創辦於1928年8月並由陳公博出任校長的上海大陸大學，是改組派的大本營。1929年上半年，該校在蔣介石的高壓之下被租界當局所取締，一部分學生轉入在上海閘北八字橋租房上課的中國公學社會科學院政治經濟系，其中包括國民黨籍學生40多人。1930年10月14日，已經遷回吳淞本部新建校舍的中國公學社會科學院政治經濟系改選學生會，時任國民黨上海第八區黨部幹事的嚴經照以及李雄等國民黨籍學生競選失敗，祕密向黨部謊報「有共產黨在中國公學開會」，導致武裝員警進入校園抓捕學生，進而激化學生之間黨同伐異的派系鬥爭。

針對馬君武的校史和所謂「全體學生」的呈文，胡適在日記中寫道：「回寓後，寫一信給君武先生。我說，『中公本已可無事，但近來節外生枝，處處授人以柄，把已得的同情都失掉了，最為可惜。最失同情的有三事：（1）先生寫的校史；（2）《中公學生》（刊物）的態度之囂張；（3）中公學生代表團以九百六十人的名義上教育部的呈文。中公是私立大學，今乃自己呈請政府干涉校董會！學生輕舉妄動，尚不足責，先生何必制止救濟？』」

1931年1月16日，馬君武在回信中針對胡適的來信逐項加以批駁，說是「到中公去【上】這個大當，本是兄叫我去上的。來信竟出於責備口氣，我不能不有點失望。」

胡適閱信後大為不滿，先在前一天即1月15日的日記欄中寫道：「君武來一信，態度極壞。他仍認他的『校史』是記事實。他又責備中公校董會，他說，學生有言論自由，胡適之要爭自由，馬君武也不能制止學生的言論自由！這種態度之下，中公必

斷送了，不可救了。學生中如顧毓瑞、張耀先、劉公任等，皆比君武明白的多！」

接下來，胡適又在1月16日當天的日記欄中寫道：「君武與歐元懷來談。我怪君武今早的信態度不好，他仍不服，幾至吵嘴。我不和他吵，但終嚴重責備他。最後我對他作揖，說，以後我決不問中公的事了。……我萬想不到君武這樣糊塗。人才真難，知人更難！」[41]

1月16日晚上，馬君武連夜給胡適寫來一封道歉信。第二天上午，胡適先去拜訪私立光華大學校長張壽鏞，和他協商羅隆基被迫辭職之事。接下來他又去看望高一涵：「十一月中，為了中公的事，幾乎與一涵絕交而散。今念『故者無失其為故』之義，特去看他。」

所謂「十一月中」，指的是1930年11月中旬，高一涵、楊亮功、何魯委婉建議胡適不要那麼立場鮮明地支持馬君武，胡適沒有接受高一涵等人的意見，導致高一涵被馬君武撤銷中國公學社會科學院院長的職務。

第二天晚上，自稱「決不問中公的事」的胡適，還是過問起中國公學的事情：「到老同學周烈忠家吃飯，見著盤鬥寅、君武、岑德彰、蘇明藻諸人。與君武等打了八圈牌。君武與我同歸滄州，車中我勸君武不要久在中公，當早籌退步。他似不瞭解此意。他說，今天下午中公教職員開會挽留凌舒謨，他也去了，自己認錯，並托大家留凌。他要我去留凌。」

1月20日，上海報紙公開發佈《查辦馬君武》的新聞：「行

---

[41] 曹伯言整理《胡適日記全編》第6卷，第21-27頁。

政院十九日令教部：中國公學校長馬君武，袒護反動，誣衊本黨，仰該部即便查照中央訓練部所擬第一項辦法，切實辦理，具報查核。」

胡適在當天日記中寫道：「早起便見報載政府查辦中公事，為之一歎。……一個全勝的官司，自己毀了，又連累及學校，真是何苦？」

為了挽救中國公學，胡適給當時在教育部任職的孫本文寫信聯絡，孫本文於第二天即1月21日寫來回信：「中公問題，部中擬採納蔡與諸先生意見，酌量辦事。學生呈文，可不批發。大概此事不久當可和平解決也。」

1月21日當天，胡適又給正在應付商務印書館罷工風潮的王雲五寫信，於無可奈何中展現了自己的理性智慧：

> 這個國家是個最individualistic（個人主義的）的國家，漸進則易成功，急進則多阻力；商量之法似迂緩而實最快捷，似不妨暫時遷就也。
>
> 中公之事，昨報所記，果然政府有干涉之舉。此實意中之事，挽救不易，全賴校董會出來擋一陣，想一個和平解決方法。
>
> 我今日不曾上船，恐須趁奉天丸走了。中公之事，只希望你和蔡、劉諸公設法救濟。鄙意此事只宜請第三者出來做校長，或南陔，或經農，皆可救濟。（即不得已而須請杏佛，亦勝於長期的糾紛。）[42]

---

42 《胡適來往書信選》中冊，第41頁。

1931年1月23日，胡適在日記中記錄了與馬君武的當面交涉：「君武先生來，我把孫本文的答書給看了。他說，胡漢民和蔣介石都要他去南京一趟，他想日內去。我勸他不要幹了，此時可以向校董辭職，讓校董會推出一位『第三者』。否則此時『妾身未分明』，有一些教員不敢應聘；何況內部又有不安的現象呢？君武似不甚以為然，勉強答我說：『為我計，這樣最好；為中公計，中公從此完了。』此話當讓別人說，不必他自己說。君武勇於負責，而不知大體，不通人情，故易於僨事。」

　　胡適所說的「易於僨事」，就是前面已經談到過的「只因為動了一點正義的火氣，就都失掉容忍的度量了」。換言之就是擁有「正義的火氣」的馬君武，缺乏有效化解和昇華這種「正義的火氣」的理性智慧，卻又過分看重中國公學校長的權位。這種「存天理，去人欲」式的「正義的火氣」極端發洩的結果，只能是「不知大體，不通人情」的害人害己。正是基於對馬君武的清醒認識，胡適日記中另有「下午作書與蔡先生，談中公事。我主張推朱經農長中公」的記錄。

　　1月24日上午，胡適應青島大學校長楊振聲的邀請，乘日本籍客輪「奉天丸」北上青島。中國公學於當天再次爆發大規模學潮。

　　1月25日，上海《申報》報導說：「自行政院明令飭教部查辦中國公學校長馬君武后，該校全體職員學生深知非促馬（君武）羅（隆基）即日離校，不足以解決學潮，而消弭中公滅亡之危機……」

　　1月29日，胡適回到北平家中，收到擁護馬君武的學生代表顧毓瑞、孫時敏寫於1931年1月25日的來信，連同原文理學院院

長楊鴻烈的來信，他閱信之後在日記中寫下了自己的看法：

> 下午得一信，始稍明白中公風潮的真相。凌君此舉，
> 殊不夠君子，但實在是君武自取出來的。此種人（凌舒
> 謨、張蕙凝）可以為善，可以為不善。我能用他們的長
> 處，可以使他們做好職員。兩年之中，他們有功無過。君
> 武不善處人，故有此變。又得楊鴻烈一信，為之一歎。此
> 等人君武尚不能相處，何況他人？

　　1931年2月6日，教育部委派私立中國公學臨時接管委員顧樹
森等三人接管中國公學。

　　2月12日，胡適在日記中寫道：「中國公學的結局如此。此
中錯誤，一言難盡。君武之不明大體，實難辭咎。然十一二月
中，學生叫囂之勢已成，非有大決心，不能制裁他們了。本年一
月中，學生舊領袖雖已悔悟，而大局已無可挽救了。君武實不肯
走，錯過了機會，遂至於不可收拾。我自愧當日但為自己設想，
急於求去，而不曾為學校謀安全。但我萬想不到君武有這樣大的
短處。知人之難，真使我戒懼。」

第七節　中國公學的黨化與消亡

　　1931年2月15日，《北平晨報》以《中公新校長邵力子》為
題，報導了中國公學易長學潮的最新進展。胡適在當天日記中記
錄了自己的悲痛心情：「中公問題如此結束，甚可痛心。大概二
月四日的校董會本意由子民先生暫任校長以救危局，而君武、隆

基諸人不明大體，容縱學生去包圍校董會，遂成僵局。於是校董會遂把學校送給教育部與黨部了。（報紙記載甚略，此是我的推論。）」

當天深夜，胡適給王雲五、劉南陔（秉麟）寫下一封長信，總結性地發表了自己的意見：

> 君武回校以後，不圖趕緊結束風潮，解散代表團，物色繼任者，而但逞意氣，負氣要把中公辦好，這是他的大錯。他不但不制裁學生，還縱容學生，這是第二大錯。他性燥急，不肯考慮一事的結果，竟於不安寧的時期任意更動校中重要教職員，以致教職員解體。這是第三大錯。他不悟私立學校不能完全離開校董會而存在，故對於校董會不但認為不能和他合作的機關，竟視為完全惡意的團體。這是第四大錯。君武不知大體，想把光華退出的幾個教員拉回中公，而這幾位先生也不通人情世故，竟貿然肯來。此一事不但引起校中分離，並引起校外敵視。這是第五大錯。
>
> 此校以後成了一個黨員吃飯機關，只苦了幾百真正好學的青年男女。校董會如此處置，也許大有不得已的苦衷，不是我在遠地所能深悉。但我自愧對不住這許多學生，對不住學校，故今天已寫信給蔡先生辭去校董職務了。[43]

---

[43] 《胡適來往書信選》中冊，第45頁。

第二天即1931年2月16日，劉南陔（秉麟）在沒有收到胡適來信的情況下給胡適寫信，大致介紹了中國公學學潮的發展經過。說是胡適離開上海後，中國公學外部有行政院查辦馬君武的指令，內部有凌派教職員學生的不滿意，結果教育部派了三位委員來滬查辦，楊度的女婿郭有守亦為查辦員中的一個。馬君武當即向查辦員聲明脫離，並在《中央日報》上宣佈談話。查辦員委託王雲五、劉南陔從中調停。馬君武給王雲五、劉南陔提出五個條件：（一）丁免秘書職；（二）凌不准複職；（三）帳目交會計師清查；（四）教務長由馬保薦二人，戴君亮與董[任堅]，由蔡擇一個；（五）總務長須與風潮全無關係之人。幾天之後，馬君武又出爾反爾，推翻了自己提出的條件，使學潮澈底陷入僵局。

2月23日，王雲五給胡適寫來更加翔實的一封回信，其中寫道說：

> 我在萬忙之中，和南陔兩人犧牲了三日工夫，把馬先生所提各條件都辦妥了。想不到馬先生竟給我們一封出乎意外的信，就是取消了從前應許的辦法，說學生有種種誤會。蔡先生若來維持，必受反對。末了還很負氣的說，如果我們要照從前議定的辦法，他便不負責。語氣之間，顯然含有嚴重的意義。我們為著這封信，只好明白告訴蔡先生。那時候蔡先生已被學生代表麻煩到不堪，一再留言誓死反對第三者。這當然含有反對蔡先生暫行校長職權的意義在內。蔡先生至此，始提起辭校董的意見。我和南陔也因為無法維持，複不忍坐視，所以便一同辭職。初意以為

一辭便了，以後事完全不問。想不到教育部一方面派員接
管，一方面還不許我們脫離。所以我們在萬不願意之中，
暫時複職。又因想在可能範圍內維持原來辦學的方針，
所以硬把經農拉出來，請他擔任副校長。經農也因迫不得
已，才勉強擔任。現在的結果雖然絕對不是我們所期望，
但是有經農出來，便希望有幾分對得住幾百真正好學的青
年男女。[44]

　　1931年2月24日，蔡元培來信退回胡適要求辭去校董會董事的
辭職函，說是「中公事鬧到弟等無辦法，一辭了事；然教育部派員
接收後，為舉出校長計，除丁燮音君外，我等均不能不複職。」
　　同一天，放棄考試院的優厚公職而出任中公副校長的朱經農
致信胡適，傾訴了自己20多年後不得不再次為母校的風潮犧牲個
人利益以承擔責任的一份苦衷：

　　　　中公之事竟弄到如此下場，令人感受無限的痛苦。
二十年的師友，竟不能商量和平解決辦法，而必待政府出
而代謀，豈非可悲之事。……況我自家兄去世以後，家累
增重。在考試院月得四百元之薪水，支持兩家用度猶感竭
蹶，今乃停考試院職務而就月薪二百元之校長，家用何能
支援，故再三堅辭，仍不獲諒解。……他人作孽，我來掃
垃圾，有苦說不出。倘得機會擺脫，立刻逃走。[45]

[44] 曹伯言整理《胡適日記全編》第6卷，第66頁。
[45] 《胡適來往書信選》中冊，第47頁。同樣是國民黨人士，蔡元培在任大學院院
　　長和中央研究院院長期間，曾經是黨化教育的推動者和執行者。先後在大學院和
　　教育部任職的中國公學老校友朱經農，一直是黨化教育的反對者。在《胡適來往

在沒有收到上述信件的情況下，胡適在當天日記中記錄了從徐志摩那裡得到的資訊：「志摩到北京。我們暢談別後的事，一是中國公學的事，一是《新月》的事。中公的事，我已略知大概，但尚不知隆基玩了許多笨拙的把戲，而君武同他一樣見識，遂鬧到不可收拾。」

中國公學的易長風波至此告一段落。至於同馬君武等人「一樣見識」的羅隆基，到底玩弄了什麼樣的拉幫結派、爭權奪利的「笨拙的把戲」，現在已經不得而知。

1932年1月28日，日軍向上海閘北等地區發起進攻，淞滬抗戰因此爆發。2月3日，日軍艦隊開炮襲擊吳淞炮臺，導致中國公學的主要建築被戰火焚毀。3月1日，中國公學在租界租定校舍劫後複課時，學生人數已經大幅度減少。同年8月10日，校董會鑒於學校內部情況複雜，決議暫停辦學。在此後的十多年裡，中國公學雖然幾經恢復，卻再沒有出現胡適出任校長時期的鼎盛輝煌。

抗戰後期，正在昆明西南大學教書的沈從文，在寫給中國公學老校友鐘恂的回信中談到了複校事宜：

> 中公毀去後，聞即在「黨」手中，故二十九年曾一度在重慶欲複校，其後即無聞。兄意極佳，惟欲促其實現，

書信選》的中冊第42-43頁，收錄有朱經農反對黃埔軍校校長蔣介石推行個人崇拜和黨化教育的一封殘信：「至於某黨與某閥之爭，我卻不願參加。大學中應有講學之自由，不應為一黨所把持。亦不應受一、二人之操縱。……現在中國的政客，看見教育界有一種潛勢力，所以都想來操縱教育。前年政學系之於北京農大、法大，研究系之於上海中國公學、自治學院，都是想做『一色清一番』。現在國民黨如果想黨化國立大學，也未必有好結果。大學校不是軍隊，不能不容許學者思想自由與講學自由。若排除異己，則除善阿諛者外皆不能自安。現在報紙發表的文字，把一個校長弄得乃聖乃神、乃武乃文，我看了之後，不知什麼緣故，總覺得有點肉麻。」

> 恐得在上海與黨中強有力者作計（如潘公展先生），方容
> 易著手，否則即有所計畫，到成事時亦必為人順手撈去，
> 此亦自然之勢也。

　　1949年4月6日，中國公學在重慶複校，由稅西恒代理校長。
1951年7月，中國公學與正陽學院合併，改名為重慶財經學院。
一直私辦公助卻又公私不分的中國公學，就這樣被澈底公有了。
　　中國公學消亡之後，中國公學校友會依然存在。在歐陽哲
生編輯的《胡適文集》中，收錄有胡適演講於1952年12月23日的
《回憶中國公學──中國公學校友會歡迎會上講詞》，其中表示
說：「我覺得我們的母校自有它光榮的歷史，不問我們的母校能
否恢復，而它的歷史是不朽的。」[46]
　　1961年3月16日，正在臺灣大學醫院治療心臟病的胡適拿到
剛剛印製的《中國公學校史》的單行本，他在病房裡面給早年畢
業於中國公學的秘書胡頌平談話說：「中公過去的風潮都與政治
有關，像王敬芳是進步黨的分子，後來的張東蓀是研究系，研究
系是進步黨的一部分。何魯是國民黨，後來吳鐵成也是國民黨。
在這篇《校史》內可以看出政黨爭這個學校所發生的風潮。」[47]

---

[46] 歐陽哲生編《胡適文集》第12集，第525頁。
[47] 胡頌平著《胡適先生晚年談話錄》，中華書局，2016年，第116頁。

第四章
梁啟超的藥方與胡適的感悟[1]

　　梁啟超一生當中輪回反復、一變再變的癥結所在，是他固步自封於中國社會以所謂天道天理及家國天下為本體本位，一方面在剛性的政權架構之制度設計層面獨尊君權、一方面在柔性的文化思想之意識形態層面獨尊儒術的政教合謀之神聖道統；以及由此而來的在公天下、打天下、坐天下、平天下、家天下、私天下的怪圈魔咒和思想牢籠之中格物、致知、誠意、正心、修身、齊家、治國、平天下的貌似全能全知卻從來分不清楚公私群己之權利邊界的價值譜系。他始終不肯也不能像胡適那樣，以「充分世界化」的「健全的個人主義」的開放眼光，認真學習並且虛心同化於人類共同體以人為本的個人自由、甲乙平等、法治民主、限權憲政、大同博愛、自然和諧的價值觀念和價值譜系。這一點在兩個人的歐美遊記當中，表現得最為集中也最為充分。

第一節　《新大陸遊記》的價值混亂

　　梁啟超1873年2月23日出生於廣東新會茶坑村，字卓如，一

---

[1] 本章節初稿原載《領導者》2012年10月總第48期，原標題為《藥方與路徑：梁啓超與胡適的歐美遊記》，此為增補改寫稿。

字任甫，號任公，又號飲冰室主人、飲冰子、哀時客、中國之新民、自由齋主人。清光緒十五年（1889年），17歲的梁啟超少年得志，在廣州參加鄉試考中舉人，名列第八。主考官李端棻欣賞他的才華，把大他4歲的堂妹李蕙仙許配給他。

1895年，梁啟超赴北京參加會試，跟隨導師康有為發動宣導變法維新的「公車上書」，開始登上歷史舞臺，世人並稱之為「康梁」。

1896年春，黃遵憲與汪康年在上海相遇，「談及創辦報社事，意見相同」。[2]黃遵憲寫信把梁啟超請到上海，委任他擔任《時務報》主筆。梁啟超以《時務報》為陣地，積極鼓吹變法思想。第二年，梁啟超到長沙嶽麓書院擔任時務學堂總教習，參與推進湖南的變法維新。

1898年戊戌政變之後，梁啟超跟隨康有為逃亡日本，初編《清議報》，繼編《新民叢報》，他按照自己對於日文報刊書籍之猜謎打卦、牽強附會、投機取巧、似是而非的粗糙理解，向中國人販賣西方社會的各種學說。然而，就是梁啟超這種猜謎打卦、牽強附會、投機取巧、似是而非的高調煽情文字，對于包括少年胡適在內的長期處於閉關鎖國狀態之中的清末知識界，產生了很大影響。

1903年（光緒二十九年癸卯）農曆正月二十三日，31歲的梁啟超應美洲保皇會邀請從日本前往美洲，二月初六日凌晨抵達加拿大的溫哥華。隨行者有黃慧之、鮑熾二人。他們在加拿大居留兩月，四月初三日由溫哥華沿著橫貫美洲大陸的太平洋鐵路前往

---

[2]　汪詒年著《汪穰卿先生傳記》，臺灣文海出版社，1966年，第72頁。

紐約。

　　五月十四日，梁啟超來到美國首都華盛頓，對美國的民主制度及其總統選舉進行了考察。十六日，他登門拜訪了美國國務卿海約翰。十七日，他到白宮拜訪了美國總統希歐多爾‧羅斯福（又譯**狄奧多‧羅斯福**，人稱**老羅斯福**，是佛蘭克林‧羅斯福總統的遠房堂兄）。

　　1903年農曆八月初五日，梁啟超一行抵達三藩市。十月二十三日，梁啟超從美洲回到日本橫濱，他隨後把這次美洲之行的經歷寫入《新大陸遊記》，在他自己主持編輯的《新民叢報》上加以連載。

　　梁啟超在《新大陸遊記》中曆述美國的不同政黨在競選過程中表現出的種種弊端：「當其競爭劇烈之時，甲黨對於乙黨之候補者，攻擊亦不遺餘力。往往將其平生行誼，毛舉以相指摘。」

　　接下來，梁啟超想當然地比較了他並沒有親眼看到過的英國君憲制度與他所親眼看到的美國共和制度：「英國但求黨員在議院中占多數耳，既占多數，則其黨魁自得為大宰相而莫與爭；……美國反是，勝敗之機，專在一著，夫安得不於此兢兢也。」

　　於是，梁啟超極其輕率地得出結論說：「美國爭總統之弊，豈直此而已，其他種種黑暗情狀，不可枚舉。吾遊美國，而深歎共和政體，實不如君主立憲者之流弊少而運用靈也。」[3]

　　梁啟超在《新大陸遊記》當中，還重點介紹了他對於三藩市華人社區的調查研究：三藩市當時總人口三十四萬多，其中華人有二萬七八千人，是美國華人最為集中的一個城市，也是康有

3　梁啟超著《新大陸遊記》，湖南人民出版社，1981年，第76-78頁。

為、梁啟超一派的保皇會（又名維新會）成立分會最早、註冊會員最多（有上萬人之多）的一個城市。

梁啟超認為，三藩市華人擁有這樣幾個優點：其一，愛鄉心甚盛；其二，不肯同化于外人；其三，義俠頗重；其四，冒險艱苦；其五，勤、儉、信。

接下來，梁啟超指出三藩市華人的兩大缺點：

其一，「有族民資格而無市民資格」。

在梁啟超看來，「吾中國社會之組織，以家族為單位，不以個人為單位。所謂齊家而後國治是也。周代宗法之制，在今日其形式雖廢，其精神猶存也。」

具有宗法式鄉党族群自治傳統的中國人，游都會之地，則其狀態之凌亂，不可思議。「凡此皆能為族民不能為市民之明證也。吾游美洲而益信。彼既已脫離其鄉井，以個人之資格，來往于最自由之大市，顧其所齎來所建設者，仍舍家族制度外無他物。」

其二，「有村落思想而無國家思想」。

三藩市華人社區包括同鄉會館、洪門、保皇會在內的帶有黑社會色彩的民間自組織，所培養的是人身依附性質的等級森嚴的鄉黨族群觀念，而非城邦國家「以個人為單位」的公民意識。「吾見其各會館之規條，大率皆仿西人黨會之例，甚文明，甚縝密。及觀其所行，則無一不與規條相反悖。」

關於這一點，梁啟超列舉的主要證據，是三藩市華人之黑社會性質的江湖秘密會黨的選舉混亂：

> 各會館之有主席也，以為全會館之代表也。而其選任之也，此縣與彼縣爭；一縣之中，此姓與彼姓爭；一姓

之中，此鄉與彼鄉爭；一鄉之中，此房與彼房爭。每當選舉時，往往殺人流血者，不可勝數也。夫不過區區一會館耳，所爭者歲千余金之權利耳。其區域不過限於一兩縣耳，而弊端乃若此，擴而大之，其慘像寧堪設想？恐不僅如南美諸國之四年一革命而已。以若此之國民而欲與之行選舉制度，能耶否耶？

在《新大陸遊記》中，梁啟超最為關切的問題，是美國式的自由、立憲、共和的現代文明制度能否實行於中國？依據三藩市華人社區的個案調查，他單邊片面地給出了一個全域性之結論：

> 吾觀全地球之社會，未有凌亂于三藩市之華人者。此何以故？曰自由耳。夫內地華人性質，未必有以優於金山，然在內地，猶長官所及治，父兄所及約束也。……夫自由雲，立憲雲，共和雲，是多數政體之總稱也。……一言以蔽之，則今日中國國民，只可以受專制，不可以享自由。[4]

這裡所涉及的，是以主體個人為本體本位的歐美近現代工商契約及民主憲政社會，與中國傳統的以所謂天道天理及家國天下為本體本位的公天下、打天下、坐天下、平天下、家天下、私天下的家族農耕及君權專制社會，在價值信仰、價值譜系方面的實質性差異。

---

[4] 梁啓超著《新大陸遊記》，第144-148頁。

中國社會以所謂天道天理及家國天下為本體本位的歷代統治者及其儒教幫兇，幾千年來一直是從極端強化天子帝王之天人合一加公私一體的國家政權的愛國、強國、保國、救國的宏大敘事入手，極力鼓吹民間弱勢個人捨生取義、殺身成仁、忠君愛國、奉獻犧牲、「存天理，去人欲」的綱常倫理和道德說教，以便達成強制性地剝奪消滅民間弱勢個人第一位的自由自治、財產私有的主體權利。弱勢個人天然正當的私有財產和男女私情，一直是中國特色的神道設教、君權神授、奉天承運、替天行道、弔民伐罪、天下為公、天誅地滅、改朝換代、一統江山的天道天理，強制實施「存天理，去人欲」之共產剝奪的目標對象。

關於這一點，最為經典的文字表述出自西漢禮學家戴聖編選的《禮記・禮運》中的《大同書》，其中記錄了孔子講給言偃（字子遊）的一段話：

> 大道之行也，天下為公。選賢與能，講信修睦。故人不獨親其親，不獨子其子，使老有所終，壯有所用，幼有所長，矜、寡、孤、獨、廢、疾者皆有所養。男有分，女有歸。貨惡其棄於地也，不必藏於己，力惡其不出於身也，不必為己。是故謀閉而不興，盜竊亂賊而不作，故外戶而不閉。是謂大同。
>
> 今大道既隱，天下為家。各親其親，各子其子。貨力為己，大人世及以為禮，城郭溝池以為固，禮義以為紀。以正君臣，以篤父子，以睦兄弟，以和夫婦，以設制度，以立田裡，以賢勇智，以功為己。故謀用是作，而兵由此起。禹、湯、文、武、成王、周公，由此其選也。此六君

子者，未有不謹於禮者也。以著其義，以考其信。著有
過，刑仁講讓，示民有常。如有不由此者，在執者去，眾
以為殃。是謂小康。

這段話語主要包含三層意思。

第一層意思是說，在人類歷史的源頭起點，曾經有過一個所
有個人都安居樂業、其樂融融的天下為公、無私共產的大同社會。

第二層意思是說，隨著大同社會的消失，取而代之的是夏
禹王、商湯王、周文王、周武王、周成王、周公等人打著神道設
教、君權神授、奉天承運、天命流轉、替天行道、弔民伐罪、天
下為公、天誅地滅、改朝換代、一統江山的神聖旗號，所建立的
公天下、打天下、坐天下、平天下、家天下、私天下的家族農耕
加君權專制的「小康社會」。

第三層意思是說，假如後世的天人合一加公私一體的天子
帝王，不能像夏禹王、商湯王、周文王、周武王、周成王、周公
那樣，運用神道設教、愚民治民的儒家禮教處理公私事務、維持
等級秩序，就會違背子虛烏有的天道、天理、天命、天意，從而
在新一輪的神道設教、君權神授、奉天承運、天命流轉、替天行
道、弔民伐罪、天下為公、天誅地滅、改朝換代、一統江山的公
天下、打天下、坐天下、平天下、家天下、私天下的革命行動
中，被推翻打倒。這樣的歷史時段，是大同、小康之外的兵荒馬
亂的亂世。

為了追求這種「莫須有」的「大道之行也，天下為公」的人
間天堂，《禮記・大學》裡專門為極少數讀書識字的奉行天道、
天理、天命、天意之儒教道統的各色人等，設計了一套全知全

能、家國一體、道德至上的人生價值觀：

> 古之欲明明德於天下者，先治其國；欲治其國者，先齊其家；欲齊其家者，先修其身；欲修其身者，先正其心；欲正其心者，先誠其意；欲誠其意者，先致其知，致知在格物。物格而後知至，知至而後意誠，意誠而後心正，心正而後身修，身修而後家齊，家齊而後國治，國治而後天下平。自天子以至於庶人，壹是皆以修身為本。

這裡的格物、致知、誠意、正心、修身、齊家、治國、平天下，與現代工商契約及民主憲政社會以人為本的個人自由、甲乙平等、法治民主、限權憲政、大同博愛、自然和諧的價值信仰、價值譜系的根本差異，就在於以形而上學的子虛烏有的天道、天理、天命、天意以及隨之而來的家國天下為前置性的先驗依據。前半截的格物、致知、誠意、正心、修身的個人修養，從來沒有像近現代歐美文明社會那樣，造就出自由自治、財產私有、權責明確、自食其力、自我健全、自我擔當的主體個人；更沒有創造發明出數學、物理、化學、天文、地理、生物學、病理學、心理學、法律學、政治學、邏輯學、音樂學、舞蹈學、美術學、戲劇學以及機械製造、航太航空、網路資訊之類的學科體系和技術進步。後半截的齊家、治國、平天下，貌似全能全知卻從來都分不清楚公私群己之權利邊界。

換句話說，《禮記》的禮運篇和大學篇裡面，已經初步設計規劃了中國社會以所謂天道天理及家國天下為本體本位，一方面在剛性的政權架構之制度設計層面獨尊君權、一方面在柔性的文

化思想之意識形態層面獨尊儒術的政教合謀之神聖道統；以及由此而來的在公天下、打天下、坐天下、平天下、家天下、私天下的怪圈魔咒和思想牢籠之中格物、致知、誠意、正心、修身、齊家、治國、平天下的貌似全能全知卻從來分不清楚公私群己之權利邊界的人生價值觀。

已經在美國定居的三藩市華人，之所以沒有像普通美國人那樣表現出以人為本的個人自由、甲乙平等、法治民主、限權憲政的價值信仰和精神追求，主要原因不是由於他們以美國公民的主體資格，享受到了自由平等的個人權利；而是由於他們不願意站在充分世界化的文明立場上，以同一個世界、同一個人類的大同博愛之心，自覺主動地置換捨棄中國傳統社會之前文明甚至反文明的價值觀念。借用梁啟超的話說，就是三藩市華人不甘心捨棄他們中國特色的所謂「優點」：其一，愛鄉心甚盛；其二，不肯同化于外人……

但是，儘管第一、第二代的美國華人，在融入同化於美國主流文明方面存在一定程度的心理障礙和文化局限，隨著時間的推移，第三、四代的華裔美國人及其後代，終歸是要融入同化於美國社會的。駱家輝（Gary Faye Locke）於1996年當選華盛頓州州長，2009年就任第36任美國聯邦商務部長，2011年8月1日就任美國駐華大使。趙小蘭（Elaine Chao）於2001年出任美國聯邦勞工部長，2017年出任司法部長；就是最好的事實證據。三藩市第一、二代華人社區的選舉混亂，同樣可以隨著一次又一次的選舉訓練，逐漸進入文明有序的正常軌道。

相比之下，真正固步自封地抗拒抵制美國式的先進文明、先進制度的，並不是梁啟超所刻意抹黑貶低的三藩市華僑；而是

始終不肯認真學習和虛心領悟這些並不複雜深奧的常識常理，反而自相矛盾、價值混亂地把「愛鄉心甚盛」、「不肯同化于外人」，當作海外華人的優點美德加以歌頌讚揚，進而用阿Q式的夜郎自大、自欺欺人的精神勝利法寫作《新大陸遊記》的梁啟超自己。

在中國社會存在著一個很奇怪的現象：那些總以為自己是啟蒙別人的先知先覺、高等精英的名流讀書人，其實是最愚昧無知也最狂妄固執地反文明、反人類、反普世價值的一類人。

按照歐美社會的文明常識，無論是美國式的以民間自組織為基礎前提，自下而上地進行投票選舉的共和憲政；還是英國式的主要由最高統治者以及封建領主、知識精英、教會僧侶、武裝騎士，自上而下逐步推進的虛君共和的君主憲政；都不僅僅是紙上談兵的理論問題，同時也是腳踏實地、循序漸進地配置完善以人為本的個人自由、甲乙平等、法治民主、限權憲政之價值要素的程式設計和制度創新問題。稍微有一點文明常識的現代個人都應該明白，在現代文明社會裡，任何個人都不可以像梁啟超那樣沒有經過全體國民的正式授權，便以治國平天下的狂妄姿態擅自得出「今日中國國民，只可以受專制，不可以享自由」的極端論斷。

退一步說，即使依照大清王朝所奉行的家族農耕加君權專制的法律典章，梁啟超作為已經喪失國民一份子的身份資質的欽定要犯，也是完全沒有資格代表正在「受專制」的大清國民，公然宣揚「今日中國國民，只可以受專制，不可以享自由」之類的極端言論的。

第二節　梁啓超的拒絕歐美夢想俄國

　　1903年的梁啟超在美國一路走，一路看，一路談，一路想，自東而西漫遊了半年有餘，他當時最為重要的感想，是「吾自美國來而夢俄羅斯者也」。換句話說，就是拒絕美國式的工商契約及民主憲政社會以人為本的個人自由、甲乙平等、法治民主、限權憲政的價值譜系；夢想著像俄羅斯的彼得大帝那樣，自上而下地推行東方特色的鞏固強化君權專制而不是虛化君主權力的所謂的「君主立憲」，同時向西方學習一些形而下的製造實用器物尤其是軍事裝備的科學技術。

　　與梁啟超關係密切的前輩外交官、當時在廣東嘉應州（今梅州）家鄉致力於辦學堂、寫詩詞的黃遵憲（公度），在1904年農曆七月四日寫給梁啟超的書信中，熱烈響應了《新大陸遊記》的這一觀點：

> 公之歸自美利堅而作俄羅斯之夢也，何其與僕相似也。當明治十三四年初見盧騷（梭）、孟德斯鳩之書，輒心醉其說，謂太平世必在民主國無疑也。既留美三載，乃知共和政體萬不可施於今日之吾國。自是以往，守漸進主義，以立憲為歸宿，至於今未改。[5]

　　黃遵憲所謂的「共和政體」，指的是美國式的沒有專制君

---

[5]　丁文江、趙豐田編，歐陽哲生整理《梁任公先生年譜長編》，第174頁。

主的民主憲政制度，他所謂的「立憲」，並不是英國式的虛君共和、王在法下的君主立憲，而是俄羅斯沙皇彼得大帝所推行的具有東方特色的「王在法上」的假冒偽劣之「君主立憲」。

1918年12月，梁啟超、蔣百里、張君勱、劉崇傑、徐新六、丁文江等人，以半官方半民間的國民外交名義赴歐洲考察。一年之後的1920年1月23日，梁啟超一行由馬賽乘法國郵輪回國，3月5日抵達上海。3月14、15日，上海《申報》分兩次刊登《梁任公在中國公學演說》，其中記錄了梁啟超的歐遊感想：

第一，以政治論，「例如代議制乃一大潮流，亦十九世紀唯一之實物，各國皆趨此途，稍有成功，……如中國雖為學而失敗者，則其失敗未盡為不幸。」

第二，論社會亦然，「中國社會制度頗有互助精神，競爭之說，素為中國人所不解，而互助則西方人不甚瞭解，……因此吾以為不必學他人之競爭主義，不如就固有之特性而修正與擴充之也。」

第三，論經濟，「西方經濟之發展，全由於資本主義，乃系一種不自然之狀態，並非合理之組織，現在雖十分發達，然已將趨末路，且其積重難返，不能挽救，勢必破裂。中國對於資本集中，最不適宜，數十年欲為之效法，而始終失敗，然此失敗未必為不幸，蓋中國因無貴族地主，始終實行小農制度。」

17年過去，沒有踏上過俄羅斯半寸土地的梁啟超，再一次一廂情願想當然地得出結論：中國從1840年第一次鴉片戰爭失敗之後逐步開展的洋務維新運動，不僅是全盤失敗的，而且是完全沒有必要的「繞道而走」。中國社會的路徑選擇，應該是在回歸原路堅持本土特色的前提上，向蘇俄進行有一定條件限制的借鑒學習：

中國前途絕對無悲觀，中國固有之基礎亦最合世界新潮，但求各人高尚其人格，勵進前往可也。以人格論，在現代以李（列）寧為最，其刻苦之精神，其忠於主義之精神，最足以感化人，完全以人格感化全俄，故其主義能見實行。惟俄國國民極端與中國人之中庸性格不同，吾以為中國人亦非設法調和不可，即於思想當為澈底解放，而行為則當踏實，必自立在穩當之地位。[6]

1920年3月19日，梁啟超從上海抵達北京，向大總統徐世昌彙報赴歐洲考察的相關情況。3月21日，在胡適的日程表中出現了這樣的記載：「宗孟宅飯，初見梁任公，談。」[7]

這是胡適與梁啟超的第一次見面，「宗孟」就是以梁啟超為精神領袖的研究系主要人物林長民。

第二天中午，研究系另一成員葉叔衡（景莘）在歐美同學會設宴請客，梁啟超和胡適一同出席。

同年5月6日，胡適陪同杜威到天津演講，順便到位於義大利租界西馬路（今河北區民族路44號）的梁啟超寓所登門拜訪，並且在日程表中記錄道：「他談做中國史事，頗有見地。」

在歐洲考察期間，梁啟超、張君勱等人先後參觀過曼徹斯特的工廠、巴黎的巴士底獄，拜訪了伊奧肯、伯格森等哲學家，親眼目睹了第一次世界大戰留下的「一片沉憂悽斷之色」。他為此寫作整理了一系列旅遊筆記，包括《歐遊中之一般觀察及一般

---

[6] 丁文江、趙豐田編，歐陽哲生整理《梁任公先生年譜長編》，中華書局，2010年，第471-473頁。

[7] 曹伯言整理《胡適日記全編》第3卷，安徽教育出版社，2001年，第127頁。

感想》的上篇《大戰前後之歐洲》、下篇《中國人之自覺》，以及《歐行途中》、《倫敦初旅》、《巴黎和會鳥瞰》、《西歐戰場形勢及戰局概觀》、《戰地及亞洛二州紀行》、《國際聯盟評論》、《國際勞工規約評論》。這些文章被梁啟超錄入《近著第一輯》上卷公開出版，後來又以《歐遊心影錄節錄》為標題錄入《飲冰室合集》。

梁啟超在這些文章中翔實記錄了自己再一次拒絕歐美、夢想俄國的思想轉變。在他看來，由達爾文的進化論推演出來的所謂科學萬能的唯物主義和尼采的超人主義，是第一次世界大戰的拜金主義與軍國主義的思想根源：

> 近代人因科學發達，生出工業革命，外部生活變遷急劇，內部生活隨而動搖。……唯物派的哲學家，托庇科學宇下，建立一種純物質、純機械的人生觀，把一切內部生活、外部生活，都歸到物質運動的「必然法則」之下。……在這種人生觀底下，那麼千千萬萬人前腳接後腳的來這世界走一趟住幾十年，幹什麼呢？獨一無二的目的就是搶麵包吃。不然就是怕那宇宙間物質運動的大輪子缺了發動力，特自來供給他燃料。果真這樣，人生還有一毫意味，人類還有一毫價值嗎？無奈當科學全盛時代，那主要的思潮，卻是偏在這方面，當時謳歌科學萬能的人，滿望著科學成功，黃金世界便指日出現。如今功總算成了，一百年物質的進步，比從前三千年所得還加幾倍。我們人類不惟沒有得著幸福，倒反帶來許多災難。好像沙漠中失路的旅人，遠遠望見個大黑影，拼命前趨，以為可以靠他

嚮導，哪知趕上幾程，影子卻不見了，因此無限悽惶失望。影子是誰？就是這位「科學先生」。歐洲人做了一場「科學萬能」的大夢，到如今卻叫起「科學破產」來。[8]

在斷言「科學破產」的同時，梁啟超偏偏在這段文字之後自相矛盾地加寫了兩行自注：「讀者切勿誤會，因此菲薄科學，我絕不承認科學破產，不過也不承認科學萬能罷了。」

真正具備科學精神的正常人，從來不會斷言什麼「科學萬能」，自然也不會承認什麼「科學破產」。梁啟超先故弄玄虛地虛構出一個「莫須有」的「科學萬能」，然後高調抬出他所謂的「科學破產」，其實是通過隨機應變、弄虛作假、牽強附會的轟動效應，再一次敗壞他自己因為反復變臉而喪失殆盡的公共誠信。梁啟超在斷言「科學破產」的同時，自然不會忘記抹黑否定歐美社會當中與科技進步相輔相成、相得益彰的一人一票、多元競爭的議會民主制度：「誰又敢說（戰前）我們素來認為天經地義盡善盡美的代議政治，今日竟會從牆腳上動搖起來？」

將近100年之後反觀歷史，真正破產的並不是在西方社會率先發展起來的分門別類的「科學」體系和代議制的議會民主制度，而是公然反科學、反民主的梁啟超自己。

第三節　胡適對梁啟超的代際傳承

1920年9月16日，梁啟超在北京探視胡適病情時，胡適建議他

8　引自胡適：《〈科學與人生觀〉序》，《胡適全集》第2卷，安徽教育出版社，2003年，第196-198頁。

以歷史當事人的身分，記錄整理一下清朝末年的「今文學運動」。

梁啟超回到天津，花費15天時間閉門寫作《前清一代中國思想界之蛻變》。這篇文章本來是打算給蔣百里的《歐洲文藝復興史》一書用作序言的，由於篇幅長達5萬多字，只好從同年11月起在《改造》雜誌連載，1921年又以《清代學術概論》為書名由商務印書館出版了單行本。

清朝末年的道光、咸豐年間，經學界圍繞著《春秋公羊傳》的今古文之爭，分裂成為站在敵對立場上爭奪「獨尊儒術」之道統地位的兩個派別。梁啟超在《前清一代中國思想界之蛻變》及其增補本《清代學術概論》中，花費將近一半的篇幅重點敘述「今文學運動之中心」康有為，與作為「對於今文派為猛烈的宣傳運動者」[9]的梁啟超之間的師生恩怨。

梁啟超一方面肯定康有為利用今文經學鼓吹變法、宣導改革的歷史功績，稱讚《新學偽經考》「實思想界之一大颶風也」；《孔子改制考》和《大同書》「其火山大噴火也，其大地震也」。另一方面，已經明目張膽反「科學」的梁啟超，偏偏掄起「科學」大棒否定了自己的導師康有為的學術品質：「有為以好博好異之故，往往不惜抹殺證據或曲解證據，以犯科學家之大忌，此其所短也。」

在梁啟超眼裡，康有為最具獨創性的著作是用「春秋三世」之說解釋《禮記・禮運》中的《大同書》。梁啟超認為，可以採用來自西方社會的時髦概念來解釋2000多年前的儒教經典《禮運》篇：「民治主義存焉（天下……與能），國際聯合主義存焉

9　梁啓超《清代學術概論》，上海古籍出版社，1998年，第70-86頁。

（講信修睦），兒童公育主義存焉（故人不……其子），老病保險主義存焉（使老有……有所養），共產主義存焉（貨惡……藏諸己），勞作神聖主義存焉（力惡……為己）。」

梁啟超詛咒攻擊康有為一派之保皇保教言論時寫道：「今之言保教者，取近世新學新理而緣附之，曰：某某孔子所已知也，某某孔子所曾言也。……故吾所惡乎舞文賤儒，動以西學緣附中學者，以其名為開新，實則保守，煽思想界之奴性而滋益之也。」但是，梁啟超自己的上述論調，恰恰就是「以西學緣附中學」的牽強附會，而且比被他詛咒為「名為開新，實則保守」的「舞文賤儒」之康有為，有過之而無不及。

在《前清一代中國思想界之蛻變》中，舍我其誰、自命不凡的梁啟超，頗為慷慨地給公開戲稱過「只手打孔家店」的新一代學人胡適，授予了一個承前啟後之正統儒學之歷史地位：「績溪諸胡而後有胡適者，頗能守清儒治學方法，儼然正統派之碩果焉。」

1920年10月18日，梁啟超給胡適寫信徵求意見，胡適建議梁啟超給予敵對學派之古文經學的標誌性人物章太炎（炳麟）一個公正地位。在這種情況下，梁啟超在《清代學術概論》單行本中補充添加了專論章炳麟的一節文字，關於胡適的評價也被改寫為這樣一段話：「（俞）樾弟子有章炳麟，智過其師，然亦以好談政治，稍荒厥業。而績溪諸胡之後有胡適者，亦用清儒方法治學，有正統派遺風。」[10]

---

[10] 胡適在1921年5月2日的日記中記錄說：「此書的原稿，我先見過，當時曾把我的意見寫給任公，後來任公略有所補正。《改造》登出稿之後半已與原稿不同，此次付印，加上惠棟一章，戴氏後學一章，章炳麟一章，皆原稿所無。此外，如毛西河一節，略有褒辭；袁枚一節全刪；姚際恆與崔適的加入，皆是我的意見。」

1931年前後，胡適寫作《四十自述》，其中花費大量篇幅敘述自己早年所受梁啟超的思想影響。

1904年（光緒三十年甲辰），13歲的胡適帶著滿肚子的線裝舊書來到上海，進入家鄉人經營的梅溪學堂。入學之初，胡適被編入該校最低一級的小學第五班。由於他此前已經有過九年的鄉村教育，積累了不少的舊學知識，漸漸為老師所賞識，「一天之中升了四班，居然做第二班的學生了」。

胡適為此頗為得意，但是，升入第二班當天的作文題目讓他感到十分為難。這一天恰好是寫作文的日子，老師在黑板上赫然寫著兩個題目：

論題：原日本之所由強。

經義題：古之為關也將以禦暴，今之為關也將以為暴。

當年的胡適並不知道「經義」該怎樣做，所以連想也沒敢想。他只好選擇「論題」作文，卻又不知道日本究竟在哪裡，更談不上討論「日本之所由強」。就在他一籌莫展的時候，二哥胡紹之出現了：「二哥檢了《明治維新三十年史》、壬寅《新民叢報彙編》……一類的書，裝了一大籃，叫我帶回學堂去翻看。費了幾天的工夫，才勉強湊了一篇論說交進去」。[11]

就像梁啟超第一次來到上海，得到上海製造局翻譯的許多西

曹伯言整理《胡適日記全編》第3卷第240頁。梁啟超本人在《概論》的《第二自序》中也介紹說：「此書成後，友人中先讀其原稿者數輩，而蔣方震、林志鈞、胡適三君，各有所是正，乃採其說增加三節，改正數十處。」見梁啟超著《清代學術概論》，上海古籍出版社，1998年。
[11] 胡適：《四十自述》，《胡適全集》第18卷，第54-55頁。

方書籍而腦洞大開一樣，胡適生吞活剝、囫圇吞棗地惡補了一番
梁啟超的文章，不僅完成了作文作業，而且學到了許多新名詞，
從此便索性以「新人物」自居，並且把名字改成了名胡適、字
適之：

> 我個人受了梁先生無窮的恩惠。現在追想起來，有兩
> 點最分明。第一是他的《新民說》，第二是他的《中國學
> 術思想變遷之大勢》。梁先生自號「中國之新民」，又號
> 「新民子」，他的雜誌也叫做《新民叢報》，可見他的全
> 副心思貫注在這一點。「新民」的意義是要改造中國的民
> 族，要把這老大的病夫民族改造成一個新鮮活潑的民族。[12]

　　關於兩代人之間既有所傳承又有所歧異的「大同小異」，胡
適介紹說：「我們在那個時代讀這樣的文字，沒有一個人不受他
的震盪感動的。他在那時代（我那時讀的是他在壬寅癸卯做的文
字）主張最激烈，態度最鮮明，感人的力量也最深刻。他很明白
的提出一個革命的口號：『破壞亦破壞，不破壞亦破壞！』後來
他雖然不堅持這個態度了，而許多少年人衝上前去，可不肯縮回
來了。」

　　胡適從梁啟超半文半白的通俗文字中，漸漸知道了霍布士、
笛卡兒、盧騷、賓坦（今譯邊沁）、康得、達爾文等西方思想
家。最讓胡適感佩的，是梁啟超很不客氣地指出「中國民族缺乏
西洋民族的許多美德」，比如公德、國家思想、進取冒險、權利

---

[12] 胡適：《四十自述》，《胡適全集》第18卷，第58-59頁。

思想、自由、自治、進步、自尊、合群、生利的能力、義務思想、尚武、私德、政治能力等等。二十多年過去，胡適在《四十自述》中以一種感恩之心讚歎說：

> 他在這十幾篇文字（指《新民說》）裡，抱著滿腔的血誠，懷著無限的信心，用他那枝「筆鋒常帶情感「的健筆，指揮那無數的歷史例證，組織成那些能使人鼓舞，使人掉淚，使人感激奮發的文章。其中如《論毅力》等篇，我在二十五年後重讀，還感覺到他的魔力。何況在我十幾歲最容易受感動的時期呢？

在另一篇《我的信仰》中，胡適同樣以感恩之心向梁啟超致敬說：「就是這幾篇文字猛力把我以我們古舊文明為自足，除戰爭的武器，商業轉運的工具外，沒有什麼要向西方求學的這種安樂夢中，震醒出來。它們開了給我，也就好像開了給幾千幾百別的人一樣，對於世界整個的新眼界。」[13]

梁啟超的學術著作《中國學術思想變遷之大勢》，用歷史的眼光整理中國學術思想，也給胡適以新的啟發，使他產生了寫作中國學術思想史的心願。應該說，晚年胡適耗盡心血從事《水經注》之類傳統國故的瑣碎整理和無聊考證，在很大程度上是出於繼承並且超越梁啟超的「一點野心」。

1910年7月，胡適考取庚款留美官費生，入美國康奈爾大學留學，梁啟超此時還在日本過著他的流亡生活。1912年10月，梁

---

[13] 歐陽哲生編《胡適文集》第1冊，北京大學出版社，1998年，第11頁。

啟超啟程回國。胡適當時正在康奈爾準備做他的農學家,隨後又改變志向轉入該校文理學院,主修西方哲學。

1915年5月28日,胡適在留學日記「吾之擇業」中反思了自己一直想充當梁啟超式的「國人導師」的所謂「謬想」:

> 吾生平大過,在於求博而不務精。蓋吾返觀國勢,每以為今日祖國事事需人,吾不可不周知博覽,以為他日國人導師之預備。不知此謬想也。吾讀書十餘年,乃猶不明分工易事之義乎?吾生精力有限,不能萬知而萬能。吾所貢獻於社會者,唯在竭吾所擇業耳。吾之天職,吾對於社會之責任,唯在竭吾所能,為吾所能為。吾所不能,人其舍諸?自今以往。當屏絕萬事,專治哲學,中西兼治,此吾所擇業也。[14]

事實上,胡適的「屏絕萬事,專治哲學,中西兼治」,依然是在預備充當梁啟超式的「國人導師」。胡適從梁啟超的學術陰影裡面掙脫出來,進而開拓出「充分世界化」的「健全的個人主義」的現代文明新路徑,還需要漫長曲折的精神歷程。

第四節　胡適歐遊道中的所見所聞

1926年7月17日,胡適乘火車離開北京,前往英國倫敦參加中英庚款顧問委員會之會議。這是他1917年從美國留學歸來後第

---

[14] 《胡適全集》第28卷,第148頁。

一次出國，也是他第一次前往歐洲旅遊考察。他的出國路線是從北京到哈爾濱到滿洲裡，然後取道西伯利亞至莫斯科，在莫斯科逗留三天後經波蘭、德國、法國抵達倫敦。

胡適離開北京之前，曾經拜訪蘇俄駐中國大使加拉罕。7月29日，胡適帶著加拉罕的介紹信到莫斯科中山大學拜訪校長拉狄克，因為拉狄克不在，他把介紹信交給了中國學生周達文。

7月30日上午，胡適在莫斯科國際文化關係會遇到來自芝加哥大學的教授梅裡姆（Merriam）和哈珀斯（Harpers）。當天下午，他參觀了「革命博物館」。

胡適在當天日記中寫道：「下午到革命博物館，館中用史料表現革命史的各時期，……最後為Lenin corner（列寧廳），表現列寧之一生歷史及著作。凡他的手澤，遺物，皆搜羅陳列；中有他變服為鐵匠時的假髮，飯鍋，護照等。他死後的各國代表團體之花圈也陳列在此。」[15]

7月31日，胡適在國際文化關係會再次遇到梅裡姆和哈珀斯，和他們一起研讀了蘇俄教育部的部分材料。胡適向梅里姆提問說：「不容反對黨的存在，於自由的關係如何？所謂Dictatorship（專政）的時期究竟何時可終了？既不許反對黨的存在，則此訓政時期豈不是無期的延長嗎？」

梅裡姆的回答是：「向來作Dictator（獨裁者）的，總想愚民以自固其權力。此間一切設施，尤其是教育的設施，都注意在實地造成一輩新國民，——所謂『Socialistic generation』（社會主義一代）；此一輩新國民造成之日，即是Dictatorship（專政）可

---

[15] 胡適日記，1926年7月30日。《胡適全集》第30冊，第219頁。另見曹伯言整理《胡適日記全編》第4卷，安徽教育出版社，2001年，第235頁。

以終止之時。」

胡適當時的反應是：「此論甚公允。」

當天上午11時，胡適與梅裡姆、哈珀斯一起參觀了「第一監獄」。

當天下午，胡適拜訪孫中山派駐蘇聯的代表于右任，他在于右任住處見到的第一個人，是曾經在北京組織赴法勤工儉學的共產黨人蔡和森。胡適與蔡和森持續辯論了六個小時，直到拉狄克出現在他們面前。

當天晚上，胡適給張慰慈寫了這次旅途當中的第二封書信，其中表白說：

> 我的感想與志摩不同。此間的人正是我前日信中所說有理想與理想主義的政治家；他們的理想也許有我們愛自由的人不能完全贊同的，但他們的意志的專篤（Seriousness of purpose），卻是我們不能不十分頂禮佩服的。他們在此做一個空前的偉大的政治新試驗；他們有理想，有計劃，有絕對的信心，只此三項已足使我們愧死。我們這個醉生夢死的民族怎麼配批評蘇俄！[16]

1926年8月3日，胡適在前往歐洲的火車上第一次動了組黨的念頭：

> 今日回想前日與和森談話，及自己的觀察，頗有作政

---

[16] 胡適《歐遊道中寄書》，《胡適全集》第3卷，第50-51頁。

黨組織的意思。我想，我應該出來作政治活動，以改革內
政為主旨。可組一政黨，名為「自由黨」。充分的承認社
會主義的主張，但不以階級鬥爭為手段。共產黨謂自由主
義為資本主義之政治哲學，這是錯的。歷史上自由主義的
傾向是漸漸擴充的。先有貴族階級的自由，次有資產階級
的爭自由，今則為無產階級爭自由。[17]

　　胡適在隨後寫給張慰慈的第三封書信中談到一段往事：1925
年10月，徐志摩在《晨報副鐫》推出一個「關於蘇俄仇友問題的討
論」。討論持續了一個多月，在理論層面處於明顯劣勢的國共兩
黨，繼一系列學界風潮之後再次發動青年學生走上街頭，採取陳獨
秀所謂的「直接行動」一舉搗毀焚燒了北京晨報館。胡適當時正在
上海逗留，他雖然沒有參與「關於蘇俄仇友問題的討論」，卻給陳
獨秀鄭重其事地寫下一封抗議書信：「我也知道你們主張一階級
專制的人已不信仰自由這個字了。……如果連這一點最低限度的
相同點都掃除了，我們不但不能做朋友，簡直要做仇敵了。」[18]
　　胡適在寫給張慰慈的這封書信中舊事重提，並不是為了繼續
捍衛「最低限度」的「自由」，反而是為了向發生在蘇俄的大規
模政治實驗奉獻犧牲「最低限度」的「自由」：

　　　　我是一個實驗主義者，對於蘇俄之大規模的政治試
　　驗，不能不表示佩服。……

---

[17]　《胡適全集》第30卷，第223頁。
[18]　《胡適全集》第3卷，第51-52頁。另見《胡適來往書信選》上冊，中華書局，
　　　1979年，第355-356頁。

去年許多朋友要我加入「反赤化」的討論，我所以遲疑甚久，始終不加入者，根本上只因我的實驗主義不容我否認這種政治試驗的正當，更不容我以耳為目，附和傳統的見解與狹窄的成見。我這回不能久住俄國，不能細細觀察調查，甚是恨事。但我所見已足使我心悅誠服地承認這是一個有理想，有計劃，有方法的大政治試驗。我們的朋友們，尤其是研究政治思想與制度的朋友們，至少應該承認蘇俄有做這種政治試驗的權利。[19]

蘇俄式的既不經過主體個人自由自治的自主選擇和甲乙雙方意思自治的平等協商，也不經過公共領域尤其是國家政權層面的權為民所賦、權為法所定的民主授權和憲政限權，便要強制剝奪私人財產，並且強制推行一黨專政之下包括黨化教育、計劃經濟、統一思想、鉗制言論在內的政治實驗，顯然突破了西方文明社會的價值底線。當年的胡適，竟然認為這樣的價值底線是可以被突破的。

胡適當時不僅寫有日記，而且有五封書信公開發表。前三封寄給留美時期的老同學，北京大學同事張慰慈，張慰慈收信後轉給《晨報副鐫》編輯徐志摩。

一年前，徐志摩在歐洲途中也到莫斯科逗留過三天時間，他的所見所聞與胡適大不相同。時任《晨報副鐫》編輯的徐志摩，把胡適的三封來信連同自己的編後感想用《一個態度及案語》的標題公開發表。抵達歐洲的胡適讀到報紙後，直接給徐志摩寫了

---

[19] 耿雲志、歐陽哲生編《胡適書信集》上冊，北京大學出版社，1996年，第380頁。

兩封後續來信，由《晨報副鐫》的另一位編輯瞿菊衣以《新自由主義》為標題公開發表。這五封書信後來又以《歐遊道中寄書》為標題，錄入《胡適文存》第三集。

胡適抵達英國後，於1926年10月17日登門拜訪了著名數理哲學家羅素，在當天日記裡記下了他與羅素的談話：

> 奇怪的很，他說蘇俄的Dictatorship辦法是最適用於俄國和中國的。他說，這樣的農業國家之中，若採用民治，必鬧得稀糟，遠不如Dictatorship的法子。我說，那我們愛自由的人卻有點受不了。他說，那只好要我們自己犧牲一點了。
>
> 此言也有道理，未可全認為不忠恕。[20]

余英時在長篇論文《從〈日記〉看胡適的一生》中評論說，羅素1921年7月6日離開中國之前的告別演講《中國到自由之路》，明確認為民主必須假定一般人民都能讀能寫，並且對政治事務具備一定程度的知識。中國在獲得「自由」之前，必須先經過一個類似俄國社會主義的「專政」（Dictatorship）階段。十天後的1921年7月16日，胡適以「一個哲學家」為題「在津浦車中試作一詩」，其中第二節寫道：

> 他看中了一條到自由之路，
> 但他另給我們找一條路；

---

[20] 曹伯言整理《胡適日記全編》第4卷，安徽教育出版社，2001年，第394頁。

這條路他自己並不贊成，

但他說我們還不配到他的路上去。

胡適所說的「哲學家」就是羅素。余英時因此得出關於胡適的一個結論：「五年後他重聞此論，雖仍感到『奇怪的很』，卻肯定『此言也有道理，未可全認為不忠恕』了。對同一論點，先後竟作出了完全不同的反應，這是他在1926年思想上發生了波動的明證。」[21]

徐志摩一年前途徑蘇俄抵達英國時，也和羅素有一番對話。羅素告訴徐志摩說，他到俄國去的時候是一個布爾什維克，一旦去了俄國便取消了紅色信仰。對於蘇俄那一套從來不予認可的徐志摩，當面「挖苦」了羅素：

> 羅素批評了蘇維埃，我批評了羅素。……怕我自己的脾胃多少也不免帶些舊氣息，老家裡還有幾件東西總覺得有些捨不得——例如個人的自由。……假如這部分裡的個人自由有一天叫無形的國家權威取締到零度以下，你的感想又怎麼樣？[22]

徐志摩是梁啟超的關門弟子，他當年對於蘇俄的認識要比梁啟超和胡適清醒許多。他在《一個態度及案語》中，針對胡適來信裡盲目樂觀的相關言論，尤其是胡適在莫斯科期間對於「革命博物館」和「第一監獄」的實地參觀加起來不會超過三四個小

---

[21] 余英時《重尋胡適歷程》，廣西師範大學出版社，2004年，第24頁。
[22] 《徐志摩作品集》，人民出版社，2006年，第404頁。

時，對於蘇俄教育現狀的瞭解僅僅限於一些紙面的統計而沒有實地參觀過一所學校，便開始「驚歎」所謂「實際的成績」，給予了一針見血的尖銳批評：

> 就我所知道的，他們的教育幾乎完全是所謂「主義教育」；或是「黨化教育」；他們側重的，第一是宣傳的能力；第二是實用的科目。例如化學與工程，純粹科學與純粹文學幾乎占不到一個地位；宗教是他們無條件排斥的，那也許是好事，但他們卻拿馬克思與列寧來替代耶穌，拿資本論一類書來替代聖經。……這也許是適之先生所謂世界最新教育學說的一部吧。[23]

徐志摩眼中的黨化教育，是一種「劃一人生觀」的強制訓練，「不容你辯難，不容你疑問」，「你只能依，不能異」。他擔心「不容時期」再度到來，因為你儘管可以有這樣那樣的自由，就如在中世紀一樣，但是，「你的唯一的自由──思想的自由──不再是你的了。」

1926年8月27日，到巴黎閒住的胡適給徐志摩寫了一封信，其中自我檢討：「究竟我回國九年來，幹了一些什麼？成績在何處？眼看見國家政治一天糟似一天，心裡著實難過。……我們種的新因卻在何處？滿地是『新文藝』的定期刊，滿地是淺薄無聊的文藝與政談，這就是種新因了嗎？幾個朋友辦了一年多的《努力》，又幾個朋友談了幾個月的反赤化，這又是種新因了

---

[23] 徐志摩：《一個態度及案語》，《徐志摩全集》第三卷乙集，香港商務印書館，1983年，第253頁。

嗎？」[24]

正是在這種充滿了急功近利的病急亂投醫的迫切心情中，胡適像1920年歐遊歸來的梁啟超一樣，選擇蘇俄的列寧（Lenin）以及義大利的墨索里尼（Mussolini），作為學習效仿的楷模榜樣：

> 我在莫斯科三天，覺得那裡的人有一種seriousness of purpose，真有一種「認真」「發憤有為」的氣象。我去看那「革命博物館」，看那1890-1917年的革命運動，真使我們愧死。我想我們應該發憤振作一番，鼓起一點精神來擔當大事，要嚴肅地做個人，認真地做點事，方才可以對得住我們現在的地位。
>
> 我們應當學Mussolini的「危險地過日子」。……我們應當學德國；至少應該學日本。至少我們要想法子養成一點整齊嚴肅的氣象。

胡適在蘇俄革命博物館中看得最認真的是「列寧廳」，直到1935年，胡適還在《個人自由與社會進步》一文中回憶說：「我們到莫斯科去看了那個很感動人的『革命博物館』，尤其是其中展覽列寧一生革命歷史的部分，我們不能不深信：一個新社會、新國家，總是一些愛自由愛真理的人造成的，決不是一班奴才造成的。」[25]

徐志摩前一年途徑蘇俄周遊歐洲留下的十三篇《歐遊漫錄》的

---

[24] 胡適：《歐遊道中寄書》，《胡適全集》第3卷，第53頁。
[25] 胡適：《個人自由與社會進步》，歐陽哲生編《胡適文集》第11冊，北京大學出版社，1998年，第587頁。

最後一篇，標題是《血》，其主要內容是「謁列寧遺體的回想」。當徐志摩踏進位於紅場的列寧遺體陳列室的時候，「進門朝北壁上掛著一架軟木做展平的地球模型；從北極到南極，從東極到西極（姑且這麼說），一體是血色，旁邊一把血染的鐮刀，一個血染的槌子。那樣大膽的空前的預言，摩西見了都許會失色……」

與胡適讚美蘇俄的社會主義革命是世界政治舞臺上從來不曾有過的大規模烏托邦試驗不同，徐志摩眼中的列寧和他的追隨者是這樣一類人：「他們相信天堂是有的，可以實現的，但在現世界與那天堂的中間隔著一座海，一座血污海。人類泅得過這血海，才能登彼岸，他們決定先實現那血海。」

徐志摩基於這種自由主義者的悲憫之心，在《一個態度及案語》中向胡適發出一連串的追問：一，「那個『烏托邦理想』在學理上有無充分的根據。在事實上有無實現的可能……」；二，「認清了他們的目標，……可以再進一步研究它們的方法的對不對？這經程中所包含的犧牲值得與否？」三，「蘇維埃制在俄國有成效這件事實（假使有）是否就可以肯定這辦法的普遍適應性？」

面對徐志摩提出的這些問題，胡適在寫於1926年10月4日的長篇回信中並沒有給出正面解答，反而為剝奪私有財產的「共產制」提供了強詞奪理、牽強附會的情緒化辯護：

> 其實這個世界上的最大悲劇還只是感情與成見的權威。最大的一個成見就是：「私有財產廢止之後，人類努力進步的動機就沒有了。」其實何嘗如此？許多科學家把他們的大發現送給人類，他們自己何嘗因此發大財？……

最明白的例就是我們在國內辦雜誌。我做了十年的文章，只有幾篇是賣錢的。然而我自信，做文章的時候，決不因為不賣錢就不用氣力。你做詩也是如此的。

無論在共產制或私產制之下，有天才的人總是要努力向上走的。……至於大多數的「凡民」（王船山愛用這個名詞），他們的不向上，不努力，不長進，真是「富貴不能淫，威武不能屈」的！私產共產，於他們有何分別？[26]

這裡的問題是：你胡適先生寫文章賣錢不賣錢，有人強迫麼？假如你連飯都吃不飽，或者你的妻子江冬秀把你的住房賣掉而且把你所有的存款卷走私奔了，你還願意寫不賣錢的文章麼？大多數的「凡民」即使當真「不向上，不努力，不長進」，你就有理由和權力強行剝奪他們的私有財產麼？

針對胡適這種強詞奪理、牽強附會的情緒化言論，傳記作者邵建另有較為生動形象的分析評論：

假如胡適做了一個烏托邦的夢，胡適當然有實驗他這個夢的權利。然而，權利在這裡意味著或僅僅意味著，沒有人可以干涉胡適的實驗。但，問題還有另一面，胡適也不能因為他的實驗而干涉別人。假如胡適因為他的夢是美好的，便要徐志摩跟著實驗，不讓選擇，胡適就超越權利了，而權利逾界就變成了權力。胡適作為自由主義者，他應該知道，一個人的自由應以別人的自由為界。那麼，

---

26 《胡適全集》第3卷，第56頁。

大規模的政治實驗是否會超過這個權利邊界呢？是不是每個人都自願地從事這種實驗呢？如果有人不願意，也得實驗，或被實驗，那麼，這是不是權力對權利的強制呢？在實驗主義的邏輯面前，這些有關自由主義的問題，胡適未遑深思。可以觀察到的是，胡適蘇俄之行，身上有兩種主義在衝突，一是實驗主義，一是自由主義，結果是實驗主義的強勢踏破了自由主義的底線。[27]

事實上，1926年的胡適更深層也更具決定性的盲點誤區，並不在於所謂「實驗主義的強勢」；而在於他和梁啟超一樣，幾乎是無意識地秉承著中國社會以所謂天道天理及家國天下為本體本位的公天下、打天下、坐天下、平天下、家天下、私天下的怪圈魔咒和思想牢籠；以及隨之而來的格物、致知、誠意、正心、修身、齊家、治國、平天下的貌似全能全知卻從來都分不清楚公私群己之權利邊界的人生價值觀。對於嚴格意義上的自由主義以主體個人為本體本位的自由自治、財產私有、自主創業、自限權利、自我健全、自我擔當的個人權利，以及隨之而來的甲乙雙方契約平等、公共領域法治民主、政制制度限權憲政、國際交往大同博愛、人與自然生態和諧的價值觀念、價值譜系；還缺乏一種完整系統的認知把握。胡適從《新青年》時期開始提倡的「個人主義」價值觀念，在「充分世界化」的意義上與歐美現代工商契約及民主憲政社會以人為本的價值觀念、價值譜系的初步貫通，是他1926年12月31日離開倫敦前往美國漫遊考察之後的事情。

---

[27] 邵建著《瞧，這人：日記、書信、年譜中的胡適（1891-1927）》，廣西師範大學出版社，2007年，第368頁。

第五節　胡適漫遊美國的思想感悟

　　1926年9月5日，胡適從巴黎給早年的情人韋蓮司寫了一封信，其中表白了自己將要再次回到美國的精神困惑：

> 　　過去九年來，差不多只為中國人思考的這個經驗，似乎使我沒法子再為其他國家設想。你聽了這個也許覺得奇怪，但卻是事實。要是我發現自己假裝有什麼真知灼見要帶給西方世界，我覺得那是可恥的。當我聽到泰戈爾的演說，我往往為他所謂東方的精神文明而感到羞恥。我必須承認，我已經遠離了東方文明。有時，我發現自己竟比歐美的思想家更「西方」。[28]

　　胡適一方面認為自己「差不多只為中國人思考」；一方面又強調自己已經遠離了東方文明，而且比歐美的思想家更「西方」；其實是他自相矛盾的精神錯覺。胡適一生當中在所謂「整理國故」方面浪費了太多的時間和心血，他對於東方文化的認知判斷，遠遠沒有日本的近代化先驅福澤諭吉那樣通透明白、堅定不移。

　　1927年1月11日，胡適經過12天的海上航行，再一次回到他曾經留學七年的美洲大陸。經過將近十年的快速發展，美國已經成長為世界第一強國。胡適回國後寫了六篇遊美箚記，以《漫遊

---

[28]　周質平著《胡適與韋蓮司》，北京大學出版社，1998年，第56頁。

的感想》為總標題分三次發表於《現代評論》週刊。

《漫遊的感想》第二篇的小標題是「摩托車的文明」，其中引用報刊資料介紹說：1927年全世界的摩托車產量是2750萬輛，而美國的擁有量已經達到2233萬輛，占世界生產量的80%以上。1926年，美國平均每6個人擁有一輛摩托車，1927年平均每5個人擁有一輛。

《漫遊的感想》第三篇的小標題是「一個勞工代表」，主要介紹胡適在紐約應邀參加的「兩周討論會」，討論的題目是「我們這個時代應該叫什麼時代」。

這次討論會一共請了六位客人。除了胡適之外，一個是俄國克倫斯基革命政府時期的交通總長，一個是印度人，一個是有名的效率工程師，一個是紐約有名的牧師，還有一個是勞工代表。用胡適的話說：「有些人的話是可以預料的。那位印度人一定痛罵這個物質文明時代；那位俄國交通總長一定痛罵鮑爾雪維克；那位牧師一定是很悲觀的，我一定是很樂觀的；那位女效率專家一定鼓吹他（她）的效率主義。一言表過不提。」[29]

胡適接下來重點介紹了勞工代表，他身穿晚餐禮服，挺著雪白的硬襯衫，頭髮已經蒼白。他站起來，一手向裡面衣袋裡抽出一卷打字的演說稿，一手向外面衣袋裡摸出眼睛盒。他取出眼鏡戴上之後開始高聲演說：「我們這個時代可以說是人類有歷史以來最好的最偉大的時代，最可驚歎的時代。」

這位勞工代表用12分鐘時間描述了美國在醫學、工業、美

---

[29] 胡適：《漫遊的感想》，《胡適全集》第3卷，第36頁。「鮑爾雪維克」，又譯「布爾什維克」，指的是列寧、史達林的無產階級革命政黨的多數派，後改名為共產黨。

術、音樂、建築等方面所實現的科技進步，以及美國社會在資本制裁、勞工待遇、教育普及、幸福增加等方面所實施的政策措施。胡適聽完後忍不住對自己說道：「這才是真正的社會革命。社會革命的目的就是要做到向來被壓迫的社會分子能站在大庭廣眾之中歌頌他的時代為人類有史以來最好的時代。」

基於在美國歷時四個多月的實證觀察，尤其是這位勞工代表的證言證詞，胡適寫下了自己的思想感悟：

> 有些自命「先知」的人常常說：「美國的物質發展終有到頭的一天；到了物質文明破產的時候，社會革命便起來了。」
>
> 我可以武斷地說：美國是不會有社會革命的，因為美國天天在社會革命中。這種革命是漸進的，天天有進步，故天天是革命。如所得稅的實行，不過是十四年的事，然而現在所得稅已成了國家稅收的一大宗，巨富的家私有納稅50%以上的。這種「社會化」的現象隨地都可以看見。從前馬克思派的經濟學者說資本愈集中則財產所有權也愈集中，必做到資本全歸極少數人之手的地步。但美國近年的變化卻是資本集中而所有權分散在民眾。一個公司可以有一萬萬的資本，而股票可由雇員與工人購買，故一萬萬元的資本就不妨有一萬人的股東。……人人都可以做有產階級，故階級戰爭的煽動不發生效力。[30]

---

[30] 胡適：《漫遊的感想》，《胡適全集》第3卷，第39頁。

撇開馬克思經濟學的某些學術誤區不談,其最為重大的貢獻就在於明確揭示了現代工商契約及民主憲政社會——也就是所謂資本主義社會——持久強大的生命活力:擁有各種有形及無形資產的資本家投資於工商企業所獲得的財富利潤,並沒有像前文明的農耕游牧及特權等級社會的國王酋長土財主那樣,主要用於權力壟斷和個人消費;而是採取資本積累的方式重新投資於社會化擴大再生產,從而在為自己創造更多財富利潤的同時,也為整個社會增加了財富總量、就業崗位、公共稅收以及其他各種公共福利。換句話說,在馬克思的經濟理論當中,社會化是資本主義擴大再生產的必然結果,與剝奪消滅私有財產並且最終消滅階級的所謂社會主義或共產主義的烏托邦理想,是分別屬於兩個歷史階段的不同概念。

1858年10月8日,晚年馬克思在寫給恩格斯的書信中,以全球化的開放眼光把大清王朝和日本政府在西方炮艦打擊下開放通商口岸,形容為造福人類的「門戶開放」。在馬克思看來,隨著《共產黨宣言》沒有預見到的加利福尼亞和澳大利亞先後完成殖民地化,以及亞洲市場的逐步打開,資產階級建立「世界市場(至少是一個輪廓)和以這種市場為基礎的生產——這個過程看來已完成了……因為地球是圓的,……在極為廣闊的領域內資產階級社會還在走上坡路。」

按照馬克思、恩格斯的觀點,還沒有從「迷信的馴服工具」、「傳統規則的奴隸」、「不開化的人的利己性」的「消極的生活方式」中解放出來的中國人,像日本明治維新那樣積極主動地捨棄野蠻落後的本土文化及政制傳統,充分融入全球化的人類社會共同體,才是唯一可行的正確選擇和文明通道。據胡德平

回憶，胡耀邦在上世紀八十年代率先提出改革開放的建議，就是直接受到馬克思、恩格斯的上述觀點的點亮啟發。[31]

比起胡適對於美國社會並不專業的思想感悟，德國學者桑巴特早在胡適到美國留學之前的1906年，就出版了一本學術專著《為什麼美國沒有社會主義》，其中的主要觀點是：社會主義發源於資本主義的母腹，它是對資本主義的一個反應。這個反應在歐洲表現得很是劇烈，在美國卻找不到適合它的土壤：「美國就缺少那種基於資本主義基礎的社會結構中總是很明顯的一個特徵——那就是，貧富的極端對立。」[32]

桑巴特為此專門統計了1900至1905年間美國紐約、芝加哥等七個州的社會主義政黨在選民當中的得票數和得票率。以1900年為例，紐約市區和芝加哥城沒有一票投給社會主義政黨的總統候選人。阿拉巴馬州有928票，得票率為0.6％，科羅拉多州684票，得票率為0.3％，賓夕法尼亞州4831票，得票率為0.4％，德克薩斯州1846票，得票率為0.4％。得票最高的是麻塞諸塞州，9716票，得票率也不過2.3％。

與此相印證，1912年胡適在康乃爾大學讀書期間，參與過選舉總統的模擬測驗。投票者來自12個國家的53名大學生，候選人共有4名：民主黨的威爾遜、共和黨的塔夫脫、介於兩黨之間的進步黨的羅斯福、帶有社會主義色彩的社會黨的德蕾。參加投票的中國留學生15人，有7票投給了威爾遜，6票給了羅斯福，共和黨一票也沒有，剩下僅有的兩票給了更加激進的社會黨人德蕾。

---

[31] 胡德平著《中國為什麼要改革——思憶父親胡耀邦》，人民出版社，2011年，第339頁。

[32] 桑巴特《為什麼美國沒有社會主義》，上海世紀出版集團，2005年，第156頁。參見邵建著《瞧，這人：日記、書信、年譜中的胡適（1891-1927）》，第389頁。

其中胡適把票投給了羅斯福，等威爾遜當選總統之後，他又喜愛上了這位民主黨的新總統。

相比之下，美國本土的學生分別把票投給了威爾遜、塔夫脫、羅斯福，卻沒有一個人投給德蕭。由此可以折射出，美國確實沒有發生社會主義運動的土壤和空間，而中國社會於二十世紀二、三十年代出現較為普遍的社會主義傾向，是有自己的文化基因和經濟基礎的。

胡適雖然沒有閱讀過桑巴特這本廣為流傳的《為什麼美國沒有社會主義》，他對於一手拿選票、一手拿股票的美國民眾不可能捲入「階級戰爭」的理解，卻與20年前的桑巴特不謀而合。桑巴特在談到美國現代工商企業的股份制產權架構時，引用其同行學者的話語解釋說：「大公司的股東，多元的小股票持有者，被引導著逐漸從雇主的角度考慮經濟問題了。衝突的機會……將會消失……當他們之間的差異被一種共同的業主身分結合起來的時候……總之，工人開始沉浸於資本家的心態。」

胡適《漫遊的感想》的第四篇是「往西去」，文章開頭的兩段話是這樣的：

> 我在莫斯科住了三天，見著一些中國共產黨的朋友，他們很勸我在俄國多考察一些時。我因為要趕到英國去開會，所以不能久留。那時馮玉祥將軍在莫斯科郊外避暑，我聽說他很崇拜蘇俄，常常繪畫列寧的肖像。我對他的秘書劉伯堅諸君說：我很盼望馮先生從俄國向西去看看。即使不能看美國，至少也應該看看德國。
>
> 我的老朋友李大釗先生在他被捕之前一兩月曾對北京

朋友說：「我們應該寫信給適之，勸他仍舊從俄國回來，不要讓他往西去打美國回來。」但他說這話時，我早已到了美國了。[33]

作為對比，胡適講述了一個「有趣味的故事」：他從美國回國途中路過日本，和馬伯援一起去拜訪著名的馬克思主義經濟學家福田德三博士。此人剛從歐洲回來，說是思想主張有所變化：「從前我主張社會政策；這次從歐洲回來之後，我不主張這種妥協的緩和的社會政策了。我現在以為這其間只有兩條路：不是純粹的馬克思派社會主義，就是純粹的資本主義。沒有第三條路。」

胡適認為這位經濟學博士只去了歐洲，不瞭解美國的情形。他建議對方到美國去看看，「也許可以看見第三條路，也未可知」。

這位經濟學博士的回答竟然是：「美國我不敢去，我怕到了美國會把我的學說完全推翻了。」

這句話對胡適刺激很大，他因此感慨說：

> 世間的大問題決不是一兩個抽象名詞（如「資本主義」、「共產主義」等等）所能完全包括的。最要緊的是事實。現今許多朋友只高談主義，不肯看看事實。……拿一個「赤」字抹殺新運動，那是張作霖、吳佩孚的把戲。然而拿一個「資本主義」來抹殺一切現代國家，這種眼光究竟比張作霖、吳佩孚高明多少？

---

33 胡適：《漫遊的感想·往西去》，《胡適全集》第3卷，第41頁。

胡適所說的「第三條路」，顯然是指美國式的一手拿選
票、一手拿股票的「人人都可以做有產階級」的「真正的社會革
命」。但是，胡適即使到了他更加喜愛的美國，仍然保持著此前
對於「赤」色蘇俄的有限認同。1927年2月，他回到母校哥倫比
亞大學講演時，與幾位西方教授聊天。來自巴黎大學的一位教授
說起他幾年前在俄國賑災的事情，胡適對他「把俄國說的真不成
人世界」，而且「不很信俄國近年的進步」，表現出的是大不以
為然。[34]

第六節　梁啓超自命「先知」的救國藥方

　　胡適在《漫遊的感想・往西去》中所要批評的自命「先知」
的人，既包括致力於組織地下黨派挑起「階級鬥爭」的老朋友陳
獨秀、李大釗等人；也包括一直在拒絕歐美、夢想俄國的前輩文
人梁啟超。就在胡適剛剛結束美國漫遊的1927年5月5日，梁啟超
在致長女梁思順的家書中表示，他又一次找到了先救中國再救世
界的神奇藥方：

　　　　我一個月以來，天天在內心交戰苦痛中。我實在討
　　厭政黨生活，一說起來便頭痛。因為既做政黨，便有許多
　　不願見的人也要見，不願做的事也要做，這種日子我實
　　在過不了。若完全旁觀畏難躲懶，自己對於國家實在良心
　　上過不去。所以一個月來我為這件事幾乎天天睡不著（卻

---

[34] 曹伯言整理《胡適日記全編》第4卷，第503頁。

是白天的學校功課沒有一天曠廢，精神依然十分健旺），
但現在我已決定自己的立場了。……確信代議制和政黨政
治斷不適用，非打破不可。……思永來信說很表同情於共
產主義，我看了不禁一驚，並非是怕我們家裡有共產黨，
實在看見像我們思永這樣潔白的青年，也會中了這種迷
藥，……你們別要以為我反對共產，便是贊成資本主義。
我反對資本主義比共產黨還利害。我所論斷現代的經濟病
態和共產同一「脈論」，但我確信這個病非共產那劑藥所
能醫的。我倒有個方子，這方子也許由中國先服了，把病
醫好，將來全世界都要跟我們學。我這方子大概三個月後
便可以到你們眼邊了。[35]

　　到了1927年10月29日，已經重病纏身的梁啟超，在寫給遠在
國外的幾個兒女的家書中，表現出來的依然是中國傳統小儒生動不
動就要治國平天下的自欺欺人、自我標榜：「許多非國民黨的團
體要求擁戴領袖作大結合（大概除了我，沒有人能統一他們），
我認為時機未到，不能答應，但也不能聽他們散漫無紀。」
　　梁啟超這種先救中國再救世界的拒絕歐美、夢想俄國的神奇
藥方，落實到同年初夏由清華研究院研究生周傳儒、吳其昌記錄
整理的《記梁先生北海談話記》中，就是在曾國藩、胡林翼、江
忠源、羅澤南等大清王朝之「中興」大臣身上體現出來的格物、
致知、誠意、正心、修身、齊家、治國、平天下的貌似全能全知
卻從來都分不清楚公私群己之權利邊界的人生價值觀：

---

[35] 丁文江、趙豐田編；歐陽哲生整理《梁任公先生年譜長編》，中華書局，2010
　　年，第603頁。

他們看見當時的社會也壞極了，他們一面自己嚴厲的約束自己，不跟惡社會跑，而同時就以這一點來朋友間相互勉勵，天天這樣琢磨著。……久而久之，便造成一種風氣，到時局不可收拾的時候，就只好讓他們這班人出來收拾了。所以曾、胡、江、羅一般書呆子，居然被他們做了這樣偉大的事業，而後來咸豐以後風氣，居然被他們改變了，造成了他們做書呆子時候的理想道德社會了。[36]

所謂「咸豐以後……的理想道德社會」，也就是歷史上所說的大清王朝迴光返照的同治中興。當年的曾國藩一派人在拼死鎮壓洪秀全太平天國的同時，還初步啟動了向西方學習的洋務維新運動。然而，就在湘軍總領、兩江總督曾國藩竭盡全力治國平天下的時候，幕客趙烈文於同治六年六月二十日（西元1867年7月21日）為他預測了大清王朝的歷史宿命：「若非抽心一爛，則土崩瓦解之局不成。……異日之禍，必先根本顛撲，而後方州無主，人自為政，殆不出五十年矣。」

僅僅44年後的1911年，一場規模不大的武昌起義，便引發全國範圍內的辛亥革命，中國社會隨之陷入「方州無主，人自為政」的軍閥混戰之中。中國經濟和中國文化的勃勃生機，恰恰是在「方州無主，人自為政」的軍閥混戰的夾縫當中，較為充分地展現出來的。蔡元培主持下的學術自由、相容並包的北京大學的短暫輝煌，以胡適為靈魂人物的《新青年》雜誌所直接開啟的新文化運動，都是在北洋軍閥時期才有可能出現的文明進步。

---

[36] 丁文江、趙豐田編；歐陽哲生整理《梁任公先生年譜長編》，第609頁。

換句話說，梁啟超以曾國藩、胡林翼、江忠源、羅澤南等人為道德模範的「咸豐以後……的理想道德社會」，其實是連曾國藩本人以及他身邊的親信之人趙烈文都不予相信的一個固步自封於中國傳統文化的道德騙局。晚年梁啟超竟然把這樣一種阿Q式的自欺欺人的道德騙局，認定為先救中國再救世界的神奇藥方，他在政學兩界一再變臉的信譽破產，由此可知。

總而言之，梁啟超一生當中輪回反復、一變再變的癥結所在，是他固步自封於中國社會以所謂天道天理及家國天下為本體本位，一方面在剛性的政權架構之制度設計層面獨尊君權、一方面在柔性的文化思想之意識形態層面獨尊儒術的政教合謀之神聖道統；以及由此而來的在公天下、打天下、坐天下、平天下、家天下、私天下的怪圈魔咒和思想牢籠之中格物、致知、誠意、正心、修身、齊家、治國、平天下的貌似全能全知卻從來分不清楚公私群己之權利邊界的價值譜系。他始終不肯像胡適那樣，以「充分世界化」的「健全的個人主義」的開放眼光，認真學習並且虛心同化於人類共同體以人為本的個人自由、甲乙平等、法治民主、限權憲政的價值觀念和價值譜系；反而根據自己走馬觀花、浮光掠影、瞎子摸象、牽強附會的碎片式感觸，自相矛盾、自欺欺人、似是而非、價值混亂地隨機應變。

1929年1月19日下午，梁啟超在協和醫院去世，終年56歲。當時居住上海的胡適到北平開會，很是懊悔遲到了八點鐘，沒有見到梁啟超最後一面。

2月2日，胡適為梁啟超的葬禮題寫挽聯：「文字收功，神州革命；生平自許，中國新民。」

胡適最要好的朋友丁文江敬獻的挽聯是：「生我者父母，知

我者鮑子。在地為河嶽，在天為日星。」

把梁啟超奉為「父母」一般的知音知己的丁文江，雖然有過在英國長期留學的經歷，他在歐遊歸來反而「羨慕蘇俄」方面，與梁啟超是高度一致的。

胡適在2月2日的日記中，寫下了對於梁啟超的蓋棺之論：

> 任公才高而不得有系統的訓練，好學而不得良師益友，入世太早，成名太速，自任太多，故他的影響甚大而自身的成就甚微。近幾日我追想他一生著作最可傳世不朽者何在，頗難指名一篇一書。後來我的結論是他的《新民說》可以算是他一生的最大貢獻。《新民說》篇篇指摘中國文化的缺點，頌揚西洋的美德可給我國人取法的，這是他最不朽的功績。故我的挽聯指出他「中國之新民」的志願。
>
> 他晚年的見解頗為一班天資低下的人所誤，竟走上衛道的路上去⋯⋯此皆歐陽竟無、林宰平、張君勱一班庸人誤了他。[37]

按照胡適的說法，假如梁啟超沒有走上為中國傳統儒教招魂衛道的回頭路，他獻給梁啟超的挽聯就會改寫為：「中國新民，生平宏願；神州革命，文字奇功。」

當年的胡適動不動就把人為人造的國家稱之為「神州」，他所謂的「新民」距離現代工商契約及民主憲政社會當中的文明正常的普通公民，依然存在著很大的距離。

---

[37] 曹伯言整理《胡適日記全編》第5卷，第354-355頁。

第五章
胡適與丁文江的「愛國苦心」

　　胡適是中國白話傳記的開拓先驅，相比之下，他最有價值的傳記文本不是早年寫作的《四十自述》，而是晚年為好朋友丁文江寫作的《丁文江的傳記》。

　　1956年是中央研究院前總幹事丁文江去世20周年，1955年12月17日，流亡美國的胡適應臺灣中央研究院院刊編委會的徵稿，開始撰寫《丁文江的傳記》。1956年3月12日，歷時三個月、長達12萬字的《丁文江的傳記》殺青脫稿。現在看來，這篇傳記的準確標題應該叫做《胡適與丁文江合傳》，其中翔實記錄了那個時代放眼看世界的中國學者的思想探索和精神困惑。[1]

第一節　丁文江早年的出洋留學

　　丁文江，字在君，1887年4月13日出生於江蘇泰興縣。他在《努力週報》發表文章時常用的筆名是「宗淹」，意思是要效仿

---

[1]　胡適：《丁文江的傳記》，1956年11月發表於臺灣中央研究院院刊第三輯《中央研究院故總幹事丁文江先生逝世二十周年紀念刊》，錄入歐陽哲生編《胡適文集》第7冊，北京大學出版社，1998年，第401-556頁。本章節所引用《丁文江的傳記》的文字，除非特別需要，不再另行加注。

宋代名臣范仲淹的「先天下之憂而憂，後天下之樂而樂」。

清朝時期的泰興縣屬於南通州，是長江之北的一個閉塞小縣。16歲的丁文江能夠遠走日本再走英國，得益於他的恩師、時任泰興知縣的龍璋字研仙。

龍璋是湖南攸縣名士龍汝霖的兒子，光緒五年，龍汝霖曾經在長沙翻刻過記錄文字獄的《宋元學案》。出任過大清國駐英國公使的湖南名士郭嵩燾，回國後喜好談論西歐各國的文明制度，出版有《海外日記》等相關著作，因此被守舊人物叱罵為漢奸。23歲就考取舉人的龍璋主動拜訪郭嵩燾並長談半日，郭嵩燾為此大為感歎：舉世無知己，惟此一少年！

龍璋兩次赴北京參加全國範圍的科舉會試，都沒有能夠考取進士，後來以中書資格分配到江蘇出任如皋、泰興等縣的知縣。1900年，以慈禧太后為首的滿清政權操縱利用義和團製造種族仇恨和宗教仇殺，並且對國際社會公開「宣戰」，導致八國聯軍攻佔北京。龍璋積極聯絡江浙地區的紳商名流盛宣懷、張謇、趙鳳昌、湯壽潛等人，推動兩江總督劉坤一、湖廣總督張之洞、兩廣總督李鴻章、閩浙總督許應騤以上海租界為依託實施「東南自保」，最終由盛宣懷出面與上海租界領事團達成九條協定，保全了大清國的半壁江山。

1911年辛亥革命爆發之前，龍璋對於湖南籍維新人士及革命黨人蔡鍔、胡子靖、黃興、陳天華、宋教仁、章士釗等人的政治活動多有支持。辛亥革命爆發後，焦達峰、陳作新出任湖南正副都督，龍璋出任相當於省長的民政長。焦達峰、陳作新被亂軍殘殺後，龍璋積極配合新任都督譚延闓發兵支援湖北前線的漢陽保衛戰。

1901年，15歲的丁文江為報考上海南洋公學，在父親帶領下拜見知縣龍璋申請保送。龍璋以《漢武帝通西南夷論》為題進行面試，丁文江的超常發揮贏得龍璋的歡心，被龍璋當場收為弟子，其人生道路由此發生決定性改變。

　　1902年，16歲的丁文江在龍璋安排下，跟隨胡子靖到日本自費留學。據湯中（愛理）回憶，1904年前後，他與丁文江同居一家日本民宿，丁文江在一年半的時間裡並沒有進入正規學校就讀，他當時喜歡的是談政治和寫文章。

　　隨著1904年2月8日中日甲午戰爭爆發，原本就不認真讀書的中國駐日本留學生，因此找到了拒絕讀書的強硬理由。在此期間，和李祖鴻（毅士）兄弟同住的莊文亞，常常接到無錫舉人吳稚暉（敬恒）從蘇格蘭愛丁堡寄來的書信，說是「日本留學生終日開會，吃中國飯，談政治，而不讀書」；蘇格蘭生活便宜，希望年輕鄉黨去英國留學。丁文江、莊亞文、李祖鴻三個人聽信吳稚暉的勸說，於1904年3月從上海啟程前往英國。他們登上輪船時身上只剩下10多個英鎊。

　　輪船在新加坡靠岸，三個人跟隨姓方的福建客人拜訪華僑實業家林文慶。林文慶建議他們途經檳榔嶼時上岸拜訪保皇黨領袖康有為。

　　三個人在檳榔嶼見到康有為，得到10英鎊贈款。抵達倫敦後，他們替康有為給他的外交官女婿羅昌寄了一封書信，羅昌收信後寄來20英鎊贈款。這30英鎊的現款解救了三個人的燃眉之急，丁文江學成回國後償還了康有為1000大洋。

　　三個人乘坐火車趕到愛丁堡時，發現吳稚暉所說在英國留學一年只需要600元，指的只是食宿費用，讀書穿衣的費用並沒

有計算在內。在吳稚暉安排下，丁文江、李祖鴻留在愛丁堡學習英語，吳稚暉陪同家裡沒錢的莊亞文去利物浦過最刻苦的生活。用胡適的話說，吳稚暉先生一生宣傳「留學」，往往用他自己能忍受的刻苦生活做標準。丁文江、莊亞文、李祖鴻三個青年「受了這種引誘」，冒了大險跑出去，等到木已成舟的時候才明白：「那種生活不宜讀書！」

僥倖的是，丁文江、李祖鴻在愛丁堡偶遇曾經在山西傳教的約翰・斯密勒醫生，他們在約翰・斯密勒醫生的熱心安排下，到英國東部小鎮司堡爾丁就讀鄉鎮中學。丁文江從一年級讀起，一年跳三級，兩年後就考進劍橋大學。他在劍橋大學讀了半年時間，因為學費昂貴而被迫輟學。

1908年，丁文江考取學費相對低廉的蘇格蘭格拉斯哥大學。他在此之前上書兩江總督端方申請學費，端方指令泰興縣每年津貼幾百元公費。考入格拉斯哥大學後，他又在中國駐英公使汪大燮幫助下補了每月十鎊的半官費。

1911年4月，在格拉斯哥大學獲得動物學和地質學雙學位的丁文江，離開留學七年的英國，經滇越鐵路從雲南河口進入中國。他回到家鄉不久，辛亥革命就在湖北武昌率先爆發。

第二節　胡適與丁文江的共同努力

1913年2月，丁文江來到北京，就任工商部礦政司的地質科科長，司長是江蘇同鄉張軼歐。

1913年10月，張謇就任新成立的農商部總長，次長劉厚生是張軼歐早年就讀南洋公學時的國文教員。丁文江在同鄉前輩張軼

歐、劉厚生、張謇等人的鼎力支持下，先後創辦地質研究班和地質研究所，為中華民國培養了第一代地質學專家，並且初步調查了中國境內的礦產資源。

1918年12月，立憲派領袖梁啟超（任公）率領半官方半民間的小型考察團前往歐洲，考察第一次世界大戰之後的社會狀況，以及即將在巴黎召開的國際和平會議，考察團成員包括丁文江、徐新六、蔣百里、張君勱、張嘉森、劉崇佑等人。1919年5月，直接引爆「五四運動」的導火索，就是梁啟超等人通過電報從巴黎傳回的外交失敗的消息。

1920年3月19日，從歐洲回國的梁啟超一行自上海抵達北京，向大總統徐世昌彙報赴歐洲考察的情況。在此期間，胡適通過陶孟和、林長民等人結識了梁啟超考察團的主要成員。1921年，前農商部次長劉厚生和京奉鐵路局聯合組建官商合辦的北票煤礦公司，總資本500萬元，其中官股40%，商股60%，劉厚生為董事長，丁文江為總經理。

北票煤礦位於當時的熱河省朝陽縣北部，原本是京奉鐵路局經營的煤礦，投資50萬元還沒有挖出煤炭。丁文江受交通部委託前往調查這一帶的礦產地質，調查結論是礦產資源豐富，有開採價值。他之所以要辭去地質調查所所長的職務去辦北票煤礦，主要原因是父親丁吉庵去世之後，由他負擔大家庭的日常生活，尤其是負擔四弟文淵在德國自費攻讀醫學的高昂費用。

丁文江擔任北票煤礦公司總經理將近五年時間，把這座煤礦建設成為日產煤炭2000噸的大型企業。由於北票煤礦和京奉鐵路都在張作霖的勢力範圍之內，丁文江在與張作霖、張學良父子交往過程當中，對於奉系軍閥的黑幕進行了深入調查。按照胡適的

說法，「關於在君辦理北票煤礦公司的事情，我差不多完全不知道。……這五年（1921-1925）之中，在君的生活有兩件事是值得記載的：一件是他和我們發起一個評論政治的週報——《努力週報》——這個報其實是他最熱心發起的，這件事最可以表現在君對於政治的興趣；一件是他在《努力週報》上開始『科學與人生觀』的討論，展開了中國現代史上一個大論戰。」

關於丁文江與《努力週報》的籌辦，胡適介紹說：

> 他向來主張，我們有職業而不靠政治吃飯的朋友應該組織一個小團體，研究政治，討論政治，作為公開的批評政治或提倡政治革新的準備。最早參加這個小團體的人不過四五個人，最多的時候從沒有超過十二人。人數少，故可以在一桌同吃飯談論。後來在君提議要辦一個批評政治的小週報，我們才感覺要有一個名字，「努力」的名字好像是我提議的。在君提議：社員每人每月捐出固定收入的5%，必須捐滿三個月之後，才可以出版。……當時大學教授的最高薪俸是每月280元，捐5%只有14元。但週報只印一大張，紙費印費都不多，稿費當然是沒有的。所以我們的三個月捐款已夠用了，已夠使這個小刊物獨立了。

提議創辦《努力週報》的丁文江，特別反對胡適在《新青年》時期所標榜的「二十年不幹政治，二十年不談政治」，他在朋友談話中常說：「不要上胡適之的當，說改良政治要先從思想文藝下手！」

1923年，丁文江在《努力週報》第67號發表過一篇《少數人

的責任》的講演稿，不點名地批評胡適等人說：「要認定了政治是我們唯一的目的，改良政治是我們唯一的義務。不要再上人家的當，說改良政治要從實業教育著手。」

丁文江認為：「我們中國政治的混亂，不是因為國民程度幼稚，不是因為政客官僚腐敗，不是因為武人軍閥專橫，——是因為『少數人』沒有責任心而且沒有負責任的能力。……只要有少數裡面的少數，優秀裡面的優秀，不肯束手待斃，天下事不怕沒有辦法的。……最可怕的是有知識有道德的人不肯向政治上去努力。」

丁文江顯然是以既有「責任心」又有「負責任的能力」的「少數裡面的少數，優秀裡面的優秀」自居的。他所謂的「少數人的責任」，直接脫胎於曾國藩（滌生）的《原才》一文：「風俗之厚薄奚自乎？自乎一二人之心之所向而已。……此一二人者之心向義，則眾人與之赴義。一二人者之心向利，則眾人與之赴利。」

1922年5月7日，由胡適主編的《努力週報》（The Endeavor）正式創刊。作為「少數人」的一種嘗試性努力，5月14日出版的《努力週報》第2號，公開刊登由胡適執筆、有16個「好人」連署簽名的《我們的政治主張》，說是「我們以為國內的優秀分子……現在都應該平心降格的公認『好政府』一個目標，作為現在改革中國政治的最低限度的要求。」

1922年9月，《我們的政治主張》簽名人當中的王寵惠、羅文幹、湯爾和，在直系軍閥第二號大首領吳佩孚的支持下參與組閣，分別出任國務總理、財政總長、教育總長，人稱「好人內閣」。

11月18日晚上，親近直系第一號大首領曹錕的眾議院議長吳

景濂、副議長張伯烈，帶著華義銀行買辦李品一來到大總統黎元洪位於北京東廠胡同的宅邸，以財政總長羅文幹擅自簽訂奧國借款展期合同，使國家損失達五千萬元為由，挾持黎元洪下達逮捕命令。隨著「羅文幹案」爆發，僅僅維持兩個月的王寵惠「好人內閣」被迫解散。《我們的政治主張》中「平心降格」的政治主張，沒有一項得到落實。

教育總長湯爾和下臺之後，專門勸告胡適說：「我勸你還是不談政治了罷。從前我讀了你們的時評，也未嘗不覺得有點道理。及至我到了政府裡面去看看，原來全不是那麼一回事！你們說是一個世界，我們去的又是另一個世界。[2]」用胡適的話說，「在君和我們當年組織《努力》來做批評政治、監督政治的一番熱心，可以說是完全失敗了。」

第三節　丁文江與張君勱的科學之爭

在批評現實政治的同時，《努力週報》還通過每月增刊一張《讀書雜誌》的方式開展學術討論。其中最為持久的一場學術論爭，是由丁文江的《玄學與科學》引起的。

1923年2月，張君勱應吳文藻的邀請來到清華學校，給一批即將赴美留學的清華學生演講「人生觀」。張君勱認為，人生觀與科學不同，其表現內容為：第一，科學為客觀的，人生觀為主觀的；第二，科學為論理的方法所支配，而人生觀則起於直覺；第三，科學可以以分析方法下手，而人生觀則為綜合的；第四，

---

[2] 湯爾和致胡適，引自胡適《丁文江的傳記》，歐陽哲生編《胡適文集》第7冊，北京大學出版社，1998年，第448-449頁。

科學為因果律所支配，而人生觀則為自由意志的；第五，科學起於物件之相同現象，而人生觀起於人格之單一性。他由此得出結論：科學無論如何發達，而人生觀問題之解決，決非科學所能為力，惟賴人類之自身而已。

張君勱的演講稿《人生觀》在《清華週刊》刊載之後，惹惱了他的好朋友丁文江，丁文江奮筆寫作的長文《玄學與科學》，分別於1923年4月15、22日連載於《努力週報》第48、49號，並由此挑起了被胡適認定是「為科學作戰」的一場輪番論戰。站在張君勱一邊的知名人士主要有梁啟超、張東蓀、瞿菊農、林宰平，站在丁文江一邊的主要是在《努力週報》及其《讀書雜誌》發表文章的胡適、王星拱、任叔永、吳稚暉、范壽康、唐鉞等人。這樣的一場論爭，當事雙方都沒有能力得出一個相對明確的結論，直到今天，被丁文江稱之為「玄學」的偽命題、偽科學，依然在打著傳統文化的旗號大行其道。

關於這場論爭的直接背景，胡適在《〈科學與人生觀〉序》裡介紹說：

> 我在本年三四月間，因為病體未復原，曾想把《努力週報》停刊，當時丁在君先生極不贊成停刊之議，他自己做了幾篇長文，使我好往南方休息一會。我看了他的「玄學與科學」，心裡很高興，曾對他說，假使《努力》以後向這個方向去謀發展——假使我們以後為科學作戰——《努力》便有了新生命……[3]

3　胡適：《〈科學與人生觀〉序》，歐陽哲生編《胡適文集》第3冊，北京大學出版社，1998年，第151頁。

在《丁文江的傳記》中，胡適進一步概括了丁文江與張君勱的主要爭點：

> 這裡表面上的問題是：「人生觀問題之解決，決非科學所能為力。」但這問題的背後，還有一個問題：「科學專注於向外……其結果為物質文明。歐戰終後，有結算二三百年之總帳者，對於物質文明，厭惡之論已屢見矣。」科學及其結果──物質文明──不但是「已成大疑問」的東西，並且是在歐洲已被「厭惡」的東西，青年人當然應該回到那些「側重內心生活之修養」而「其結果為精神文明」的「自孔孟以至宋元明之理學家」了。所以在君當日把問題看作「玄學與科學為敵」的問題。

張君勱的觀點並不新鮮，在此之前的1920年，梁啟超已經在《歐遊心影錄》中表述過類似觀點：「近代人因科學發達，生出工業革命，外部生活變遷急劇，內部生活隨而動搖。……歐洲人做了一場『科學萬能』的大夢，到如今卻叫起『科學破產』來。」[4]

底氣不足的梁啟超在斷言「科學破產」的同時，還知道自相矛盾地留有餘地，說是「讀者切勿誤會，因此菲薄科學，我絕不承認科學破產，不過也不承認科學萬能罷了」。他的親信弟子張君勱卻借助於「歐洲人」的名義，明目張膽地「厭惡」起「科學」來。

丁文江在《玄學與科學》中所針對的「玄學」，指的是張君

4　胡適：《〈科學與人生觀〉序》，歐陽哲生編《胡適文集》第3冊，北京大學出版社，1998年，第153頁。

勘原文中所說的古今東西的哲人如孔子、墨子、孟子、釋迦、耶穌、蘭博尼茲、黑格爾、叔本華、哈德門，「初無論理學之公例以限制之，無所謂定義，無所謂方法，皆其自身良心之所命，起而主張之，以為天下後世表率，故曰直覺的也。」丁文江爭鋒相對的觀點是：一，科學的對象並不是「死物質」，只是概念和推理——都是心理的現象；二，各色各樣的「人生觀」，都是概念和推論，當然應該受科學方法的審查評判。

在胡適看來，丁文江把張君勘所謂的「人生觀」叫做「玄學」，實在太恭維他了，張君勘的所謂「人生觀」實在是「很武斷的說法」。張君勘列舉的這些哲人，都不會承認他們的人生觀是「直覺的」。這些人當中，如墨子、孟子都是很講究論辯方式的。佛教也極講究定義與方法，為此還創立了很嚴格的「因明倫理學」。至於蘭博尼茲、黑格爾等幾位，更是最講究論理、定義、方法的哲學家。說他們的人生觀都「無論理學之公例以限制之，無所謂定義，無所謂方法」，這真是「很糊塗的汙辭」。

換言之，丁文江發起的這一場號稱是「玄學與科學」的學術論爭，從一開始就出現了嚴重錯位。張君勘所謂的「人生觀」，既不是「人生觀」也不是「玄學」，而是一種牽強附會、信口開河的偽命題。所謂「玄學與科學」的論爭，其實是不具備足夠健全的科學精神的丁文江，與公然否定科學精神的張君勘之間，夾纏不清的一場混戰。關於這一點，老輩學人吳稚暉在《箴洋八股化之理學》一文中給出了生動形象、痛快淋漓的分析總結：

> 最近張、丁科學之爭，……主旨所在，大家拋卻，惟鬥些學問的法寶，縱然工力悉敵，不免混鬧一陣。實在的

主旨，張先生是說科學是成就了物質文明，物質文明是促起了空前大戰，是禍世殃民的東西。他的人生觀是用不著物質文明的。就是免不了，也大家住著高粱杆子的土房，拉拉洋車，讓多數青年懂些宋明理學，也就夠了。於是丁先生發了氣，要矯正他的這種人生觀，卻氣極了謾罵了玄學鬼一場，官司打到別出去了。後來他終究對著林宰平先生把他的初意簡單的說了出來。

吳稚暉所說的丁文江的「初意」，指的是丁文江到了1923年6月10日，才在《努力週報》第56號為答覆林宰平而寫作的《玄學與科學的討論的餘興》中，點出了他所要爭論的「本題」：「讀者要記得，科學方法是否有益於人生觀，歐洲的破產是不是科學的責任，是這一次討論裡面最重要的問題。」

胡適在《丁文江的傳記》中，重新梳理了丁文江所要爭論的這兩個「本題」：第一，歐洲的破產是不是科學的責任？第二，科學方法是否有益於人生觀？

關於第一個「本題」，丁文江給出的答案是：「歐洲文化縱然是破產（目前並無此事），科學絕對不負這種責任。因為破產的大原因是國際戰爭。對於戰爭最應該負責的人是政治家同教育家，這兩種人多數仍然是不科學的。這班人的心理很像我們的張之洞，要以玄學為體，科學為用。……所以歐美的工業雖然利用科學的發明，他們的政治社會卻絕對的缺乏科學精神。……人生觀不能統一，也是為此。戰爭不能廢止，也是為此。」

關於第二個「本題」，丁文江在《玄學與科學》中回答說：

科學不但無所謂「向外」，而且是教育同修養最好的工具。因為天天求真理，時時想破除成見，不但使學科學的人有求真理的能力，而且有愛真理的誠心。無論遇見甚麼事，都能平心靜氣去分析研究，從複雜中求單簡，從紛亂中求秩序；拿論理來訓練他的意想，而意想力愈增；用經驗來指示他的直覺，而直覺力愈活。了然於宇宙、生物、心理種種的關係，才能夠真知道生活的樂趣。這種「活潑潑地」心境，只有拿望遠鏡仰察過天空的虛漠，用顯微鏡俯視過生物的幽微的人方能參領得透徹——又豈是枯坐談禪，妄言玄理的人所能夢見？

　　胡適接著這段話補充說：丁文江深信「真正科學的精神」是最好的「處世立身」的教育，是最高尚的人生觀。丁文江的這種理想化的具備「活潑潑地生活的樂趣」的人生觀，用英文表達就是：Be ready to die tomorrow；but work as if you live forever.
　　傅斯年把這句英文翻譯成為：「準備著明天就會死，工作著彷彿像永遠活著的。」
　　胡適用白話韻文翻譯出的譯文是：

明天就死又何妨；
只拼命做工，
就像你永永不會死一樣。

　　但是，丁文江的——Be ready to die tomorrow；but work as if you live forever.——所要表達的只是他的一種工作和生活態度，還不

足以稱之為嚴格意義上的人生價值觀。

丁文江在《玄學與科學》一文中，針對張君勱極端推崇的「中國的精神文明」批評說：

> 提倡內功的理學家，宋朝不止一個，最明顯的是陸象山一派。……我們看南渡時士大夫的沒有能力，沒有常識，已經令人駭怪。其結果叫我們受蒙古人統治了一百年，江南的人被他們屠割了數百萬，漢族的文化幾乎絕了種。
>
> ……到了明末，陸王學派風行天下，他們比南宋的人更要退化：讀書是玩物喪志，治事是有傷風雅。……有起事來，如癡子一般，毫無辦法。陝西的兩個流寇居然做了滿洲人的前驅。單是張獻忠在四川殺死的人，比這一次歐戰死的人已經多了一倍以上，不要說起滿洲人在南幾省作的孽了。
>
> 我們平心想想，這種精神文明有什麼價值，配不配拿來做招牌攻擊科學？……言心言性的玄學，「內心生活之修養」，所以能這樣哄動一般人，都因為這種玄談最合懶人的心理，一切都靠內心，可以否認事實，可以否認論理與分析。顧亭林說的好，「……以其襲而取之易也。」[5]

---

[5] 對於一些傳統文人缺乏最低限度的科學精神和科技手段，幾乎是憑空講求格物、致知、誠意、正心、修身、齊家、治國、平天下之類的「內心生活之修養」，胡適在《清代學者的治學方法》一文中批評說：宋儒「格物窮理」的方法比漢儒更加接近於歸納法，只是宋儒的目的並不在今日明日格的這一事，而是想「不役其知」，以求那豁然貫通、一勞永逸的終極天理。最後一步，丟了具體的物理，去求那「一旦豁然貫通」的大澈大悟，「決沒有科學」。也就是說，西方經驗主義的科學歸納法，是要借助於相應的科技手段和科學實驗，從若干經驗事實中歸納

「陸王學派」，指的是宋、明兩代以陸九淵（字子靜，人稱存齋先生、象山先生）、王守仁（字伯安，別號陽明）為代表的缺乏最低限度的科學精神和科技手段，幾乎是憑空講求格物、致知、誠意、正心、修身、齊家、治國、平天下的貌似全能全知卻從來都分不清楚公私群己之權利邊界的一派儒生。所謂「襲而取之易」，意思就是方便於抄近路、討便宜的托古托大、欺世盜名、嘩眾取寵、招搖撞騙、強詞奪理、牽強附會、急功近利、巧取豪奪。

　　張君勱在他的《再答人生觀與科學——並答丁在君》一文中，正是採用「襲而取之易」的強詞奪理、牽強附會，來為自己抄近路反科學的相關言論開脫辯解的：

　　　　在君知之乎？當此人欲橫流之際……誠欲求發聾振瞶之藥，惟在新宋學之復活……
　　　　今之當局者，不知禮節，不知榮辱，……國事鼎沸，綱紀凌夷之日，則治亂之真理，應將管子之言而顛倒之，曰：
　　　　知禮節而後衣食足，
　　　　知榮辱而後倉廩實。

出相關事物的分門別類的一般原理，而不是宋儒所說的那種萬事萬物的最高天理。包括數學、物理、化學、天文、地理、生物製藥、航太科技、電子通訊，尤其是心理學、人文社會科學在內的西方經驗主義的科學歸納法，還要與根據假設的通則進行一步接一步的推理演繹的另一種科學方法相互配合，才是比較完整的科學的方法。包括宋儒在內的中國傳統文人沒有基本的學科劃分和科技手段的「格物窮理」，連現代科學最為基本的門檻都沒有進入過。見《胡適全集》第1卷，安徽教育出版社，2003年，第366-370頁。

吾之所以欲提倡宋學者，其微意在此。[6]

可悲可歎的是，自以為在捍衛科學的丁文江，一旦談到科學知識之外的所謂宗教人生觀，竟然變得和張君勱一樣強詞奪理、牽強附會，以至於忘記了科學之成其為科學的學科劃分和邊界侷限，從而於不知不覺中暴露了自己與張君勱、梁啟超等人一樣根深蒂固反科學的中國傳統文化之本色底蘊。

第四節　丁文江「有武斷的嫌疑」的人生觀

在1923年5月27日和6月3日連載於《努力週報》的《玄學與科學──答張君勱》中，丁文江正面介紹了自己所信仰的所謂的宗教人生觀：

> 我豈但不反對美術，並且不反對宗教，不過我不承認神學是宗教。十二年前，我做《動物學教科書》，說蟻類優勝的理由：「所謂優勝者，就蟻之種系言則然耳。……合至愚之蟻為群，而蟻之種乃優勝，何哉？曰，犧牲個體之利益以圖一群之利益也，犧牲一群一時之利益以圖一種萬世之利益也，言群學者可以鑒矣。」
>
> ……我的宗教的定義是為全種萬世而犧牲個體一時之天性，是人類同動物所公有的。這種天功不是神學同玄學所能貪的。所以有許多人儘管不信神學玄學，他們的行為

---

[6]　張君勱：《再答人生觀與科學──並答丁在君》，引自胡適《丁文江的傳記》，歐陽哲生編《胡適文集》第7冊，第467頁。

仍然同宗教根本相合，就是這個原故。

寫作《〈科學與人生觀〉序》的胡適，是基本上認同和接受丁文江這種「為全種萬世犧牲個體一時」的宗教信仰的。他在吳稚暉的相關論述基礎上概括出的十條「人生觀」之第十條，是這樣表述的：

> 根據於生物學及社會學的知識，叫人知道個人——「小我」——是要死滅的；而人類——「大我」——是不死的，不朽的；叫人知道「為全種萬世而生活」就是宗教，就是最高的宗教；而那些替個人謀死後的「天堂」「淨土」的宗教，乃是自私自利的宗教。[7]

胡適認為，「這種新人生觀是建築在二三百年的科學常識之上的一個大假設，我們也許可以給他加上『科學的人生觀』的尊號。但為避免無謂的爭論起見，我主張叫他做『自然主義的人生觀』。」

但是，稍微懂得一點點自然科學常識的人都應該知道，人類是大自然長達45億年的進化演變的結晶，相對於大自然來說，人類其實是很渺小的，並且極有可能會在某個時間點位上死滅消亡的。一個以主體個人為本體本位並且堅守主體個人之自由自治、甲乙雙方之契約平等、公共事務之法治民主、政制建設之限權憲政、國際交往之博愛大同、人與自然之和諧共處的價值譜系、價

---

[7] 胡適：《〈科學與人生觀〉序》，歐陽哲生編《胡適文集》第3冊，北京大學出版社，1998年，第164頁。

值常識的文明正常人，是不會糾結於人力之外子虛烏有、無限絕對、永恆不滅的所謂「全種萬世」的。在力所能及的範圍內盡到個人自由、甲乙平等、法治民主、限權憲政、博愛大同、自然和諧的社會責任和職業本分，才是一個文明正常人造福於人類社會的最佳方式和最佳途徑。

當年的胡適和梁啟超、丁文江、張君勱一樣，總想把屬於常態常理的人生價值觀，抬升到宗教神聖化的超人類或非人類的絕對高度，恰恰暴露出他還沒有真正走出中國社會以所謂天道天理及家國天下為本體本位，一方面在剛性的政權架構之制度設計層面獨尊君權、一方面在柔性的文化思想之意識形態層面獨尊儒術的政教合謀之神聖道統；以及由此而來的在公天下、打天下、坐天下、平天下、家天下、私天下的怪圈魔咒和思想牢籠之中格物、致知、誠意、正心、修身、齊家、治國、平天下的貌似全能全知卻從來分不清楚公私群己之權利邊界的價值譜系。

到了1956年的《丁文江的傳記》中，胡適談到丁文江的宗教人生觀時介紹說，這裡面有丁文江25歲左右時寫作《動物學教科書》時的見解；有37歲時寫《玄學與科學──答張君勱》時的見解。這種見解和他1934年48歲時寫作的《我的信仰》，大致上也是一致的。

《我的信仰》是丁文江1934年5月6日在天津《大公報》發表的一篇星期論文，其中寫道：「我不相信有主宰世界的上帝，有離身體而獨立的靈魂。……宗教心是為全種萬物而犧牲個體一時的天性，是人類合群以後長期演化的結果，因為不如此則不能生存。」

丁文江公開承認，他的這種信仰是不符合他自己所提倡的科

學精神的:「一部分是個人的情感,無法證明是非,難免有武斷的嫌疑,請讀者原諒。」對於蘇聯社會主義的政治實驗頗有好感的丁文江,還特別解釋說:「打倒神祕最努力的是蘇俄,但是最富於宗教性的莫過於共產黨。」這樣的一句話,同樣可以套用在丁文江自己身上:「打倒宗教神祕最努力的是丁文江,但是最富於極端絕對的宗教神聖感的莫過於丁文江。」

按照丁文江這種「為全種萬世犧牲個體一時」的高度宗教神聖化的神道邏輯推演下去,中國歷史上一個輪回又一個輪回的公天下、打天下、坐天下、平天下、家天下、私天下的天命流轉、改朝換代、草菅人命、殺人如麻、一統江山、統一思想,尤其是宋明理學所標榜的「餓死事小,失節事大」的「存天理,去人欲」,是神聖正確的。列寧、史達林殘酷剝奪蘇俄民眾的私有財產、思想自由直至肉體生命的暴力共產,是神聖正確的。希特勒為極力擴張日爾曼人的種族血統和生存空間,不惜針對猶太人進行種族清洗以至於發動第二次世界大戰,也是神聖正確的。毛澤東為了實現所謂的共產主義大躍進,活活餓死包括我的爺爺張天霖和大爺爺張木霖在內的幾千萬本國農民,同樣是神聖正確的。

1956年的胡適,已經充分見證過希特勒的國家社會主義(法西斯),尤其是發生在蘇聯以及中國大陸之全方位剝奪私有財產的赤色社會主義抹殺人權、草菅人命的極權恐怖。於是,他在《丁文江的傳記》中難能可貴地明確指出:丁文江從來不諱言他的宗教人生價值觀中含有科學的因素和非科學因素,丁文江經過嚴格訓練的科學知識使他不相信「有主宰世界的上帝,有離身體而獨立的靈魂」;但是,他的「宗教心特別豐富」的情感使他相信「為全種萬世犧牲個體一時」就是宗教。「他的情感使他不能

完全瞭解這種宗教心可以含有絕大的危險性，可以瘋狂到屠戮百千萬生靈而還自以為是『為全種萬世犧牲個體一時』！……這種『為全種萬世犧牲個體一時』的信念，只可以作為一個感情特別豐富的人用來律己的信條，而不可以用作律人或治人的宗教。」

第五節　丁文江總辦大上海

1922年8月1日，在直系軍閥主持之下，1917年張勳復辟時被黎元洪宣佈解散的參議院和眾議院再次集會，當年下令解散國會的黎元洪，也因此取代徐世昌再一次登上大總統寶座。按照胡適在《丁文江的傳記》中提供的說法，「當時暫時戰勝的直系軍人和他們手下的政客自作聰明，要樹立他們的『正統』地位，所以先擁護黎元洪復位，又把舊國會恢復了，叫『法統重光』。……軍閥的門客早就打算好了要賄買那個舊國會作為選舉曹錕繼任黎元洪為總統的準備！」

1923年1月17日，北京大學校長蔡元培提出辭呈，直接原因是直系軍閥曹錕的津保系，任命在國會裡攻擊陷害財政總長羅文幹的彭允彝為教育總長；更加深層次的原因，是當時已經到處哄傳曹錕為了當選總統而花錢收買國會議員的「最高問題」。

蔡元培的辭職引來各方面的批評，胡適為此帶病寫作，連續發表為蔡元培辯護的幾篇文章。1923年4月，丁文江勸說胡適南下上海、杭州專心養病，《努力週報》交由丁文江、高一涵、張慰慈、陶孟和等人編輯組稿。同年10月，曹錕經過賄選當選總統，《努力週報》因為「批評政治、監督政治」的嘗試性地努力「完全失敗」而自動停刊。

1924年9月17日，張作霖發動第二次「直奉戰爭」。馮玉祥被時任大總統的直系軍閥曹錕任命為「討逆軍」第三軍司令，出古北口迎戰張作霖的奉系軍隊。10月22日午夜，馮玉祥臨陣倒戈，率部從安定門返回北京，不費一槍一彈包圍了設在中南海的總統府，迫使曹錕下令停戰並且解除吳佩孚的「討逆軍」總司令職務。正在山海關迎戰張作霖軍隊的吳佩孚措手不及，只好乘坐軍艦從渤海灣倉皇撤退。

　　奉軍入關之後，張作霖派遣張宗昌、邢士廉、姜登選等人率軍南下，把奉軍的勢力範圍迅速擴展到南京、上海等地。為了保全江浙滬一帶居民的生命財產，陳陶遺、劉厚生、陳儀、蔣百里、羅文乾等人發起一場祕密運動，為丁文江展現政治才幹提供了一個絕佳機遇。

　　1925年7月，丁文江收到羅文乾從湖北岳州打來的密電，要他到岳州會見吳佩孚。丁文江向北票公司請假南下，在上海和劉厚生、陳陶遺等人密談之後前往岳州，與吳佩孚協商借助客兵驅逐奉軍的相關事宜。

　　丁文江回到上海，孫傳芳派人邀請他到杭州會談。據胡適回憶，丁文江後來最愛講述的是他與孫傳芳（馨遠）之間的如下對話：

　　　　孫馨遠說：丁先生，請你想想，你在哪一個方面可以幫我頂多的忙？
　　　　我說：我早已想過了。
　　　　孫問：哪一個方面？
　　　　我說：我曾想過，這時候中國頂需要的是一個最新式

的、最完備的高級軍官學校。……現在各地軍官學校教出來的軍官都缺乏現代知識，都缺乏現代訓練，甚至於連軍事地圖都不會讀！……

孫馨遠聽了大笑。他說：丁先生，你是個大學問家，我很佩服。但是軍事教育，我還懂得一點，我還懂得一點。現在還不敢請教你。

丁文江到杭州住了一個星期，回到上海向陳陶遺、劉厚生等江蘇官紳彙報談話經過。

1925年9月初，丁文江從上海乘坐海船返回天津。這一年的10月10日雙十節，孫傳芳在杭州宣佈組織江蘇、浙江、安徽、江西、福建五省聯軍，共同討伐張作霖。五省聯軍公推孫傳芳為總司令、周蔭人為副司令，分五路驅逐江浙滬地區的奉軍武裝。陳調元在安徽、白寶山在江北同時回應。駐紮在南京的楊宇霆搶先渡過長江撤回北方，駐紮在上海的邢士廉也率部撤離。最為富庶的江蘇、浙江、安徽、江西、福建五省，轉眼之間變成直系軍閥孫傳芳的地盤。

1926年2月，丁文江南下上海參加「中英庚款諮詢委員會衛靈敦中國訪問團」的相關活動。在此之前，他在天津的北票煤礦公司董事會上辭去了總經理職務。

依據1901年大清國與13個戰勝國簽訂的「辛丑合約」，中國賠款價息合計9.8億兩白銀（包括賠償本金4.5億白銀，分39年還清，本息共計約9.8億兩）。其中俄國第一，接近29%；德國第二，為20%；法國第三，接近16%；英國第四，超過11%；日本第五，為7.73%；美國第六，7.32%。1922年12月1日，英國政府繼美

國之後通知中國政府，此後應付庚款準備用於中英兩國互有利益的用途上。從這一天開始至1945年，本息合計1018萬餘英鎊，約合美金5500萬元。

1925年3月，英國下議院通過二讀議案，議案規定組織顧問委員會專門考察庚款的何種用途對於中英兩國最有互惠利益。這個委員會至少有女委員一人，中國委員二至三人。主席是柏克司敦伯爵，副主席是衛靈敦子爵，女委員是安德生女爵士。中國委員分別是：丁文江、王景春、胡適。

1926年2月22日，衛靈敦子爵、蘇狄爾教授、安德生女爵士抵達上海，與丁文江、王景春、胡適以及訪問團臨時秘書莊士敦，在上海禮查飯店開展工作。

5月25日，衛靈敦子爵代表訪問團在天津發表一份書面談話，宣告成立一個全權管理英國退還庚款的中英庚款董事會。同年7月，胡適在哈爾濱與蘇狄爾教授匯合，一同搭乘西伯利亞鐵路去英國開會。

丁文江參加了「衛靈敦中國訪問團」在上海的集會和在南京、杭州的訪問。1926年5月5日，五省聯軍總司令兼淞滬商埠督辦的孫傳芳，在上海總商會招待上海各界的茶會上正式宣佈，由丁文江出任淞滬商埠督辦公署的全權總辦，說是「本人和陳陶遺省長曾經詳細商討這些問題。今天說的話可以代表我們兩個人的共同意見」。

孫傳芳在演說中宣佈講了由丁文江起草的「大上海」計畫，把上海租界四周的南市、閘北、浦東、吳淞，全部歸併到淞滬商埠督辦公署的管轄之下，此前各行其事的上海交涉使、上海道尹、警察局長，全部服從督辦和總辦的領導。這項計畫「要使上

海租界四周圍的中國地區成為一個模範城市，其結果應該成為我們要求取消外國租界的基礎」。

曾任印度的孟買和馬都拉省長以及英國議會議員的衛靈敦子爵，熱心贊助丁文江的行政計劃和愛國訴求，並且提供了相關的意見和建議。

站在胡適反復提倡的「充分世界化」的立場上看，當年的中國社會真正需要的並不是「取消外國租界」，反而是把上等中國人喜歡居住的上海租界所具備的比較文明先進的法治理念和制度建設，盡可能充分地擴張移植到內陸地區，以便最大限度地遏制各派軍閥之間的中國人打中國人的內戰內鬥。但是，胡適在《丁文江的傳記》中並沒有站在「充分世界化」的立場上理性評判丁文江出任淞滬商埠總辦的功過是非，反而站在相對狹隘的民族主義立場上介紹說：丁文江出任淞滬商埠總辦只有八個月時間，期間有兩件事最值得載入史冊。

第一是建立了「大上海」的規模。那個「大上海」，從吳淞到龍華，從浦東到滬西，在他的總辦任內才第一次有統一的市行政、統一的財政、現代化的公共衛生。他是後來的「上海特別市」的創立者。

第二是從外國人手裡為國家爭回許多重大權利，其中最為世人稱道的是公共租界的會審公堂。1926年8月31日，代表江蘇省政府的淞滬商埠總辦丁文江、上海交涉使許沅，與代表公共租界領事團的挪威總領事Aall簽訂《收回會審公堂臨時協定》。該協定正式生效的1927年12月31日，恰好是出任淞滬商埠總辦8個月的丁文江正式辭職的日子。

關於丁文江的辭職，與丁文江、胡適一樣站在狹隘民族主義

立場上公忠愛國的傅斯年，在1936年寫作的悼念文章《我所認識的丁文江先生》一文中提供的解釋是：陳陶遺、陳儀、丁文江三個江浙人是一起加入孫傳芳軍閥團隊的；但是，孫傳芳並沒有把他們當作親信，重大事情並不與他們商議。等到孫傳芳與北伐軍「可和可戰」的緊要關頭，丁文江等人主動找到孫傳芳要求與北伐軍講和，孫傳芳說：「我本來也這樣想過，不過請你們看這一個電報。」

電報是正在湖北武穴與北伐軍交戰的「前敵總指揮」打來的，大意是聽說聯帥有與「赤軍」──也就是蘇聯人支持的北伐軍──妥協的謠言。「赤軍」大多是南方人，我們大多是北方人。為了不受制於南方人，只有北方人進行大聯合。

孫傳芳因此表示說：我不能不同張家妥協。不然，我站不住。

丁文江說：與二張（張作霖、張宗昌）妥協，政治上站不住。

孫傳芳說：那就管不得這許多了。[8]

自稱「我沒有做他手下的官……還有說話的地位」的劉厚生，關於此事另有回憶，說是江蘇省長陳陶遺得知孫傳芳祕密去天津向張作霖求救，就派人到上海通知劉厚生。劉厚生便和丁文江乘坐專列前往南京，在陳陶遺安排下與孫傳芳進行當面交涉。劉厚生以江蘇民眾總代表的口吻表態說：「聯帥本是應我們江蘇人的請求而來，勝敗兵家常事，我們決不埋怨你。但是聯帥要向那一方面低頭合作，似乎應該問問江蘇老百姓的意見。現在我老實說，江蘇老百姓寧可受國民黨的統治，決不願再受鬍子的騷擾。」[9]

8　傅斯年：《我所認識的丁文江先生》，引自傅斯年：《我所認識的丁文江先生》，引自胡適：《丁文江的傳記》，歐陽哲生編《胡適文集》第7冊，第481-482頁。

9　引自胡適：《丁文江的傳記》，歐陽哲生編《胡適文集》第7冊，第483頁。

自稱「脾氣不好」的孫傳芳回答說：「我寧可啃窩窩頭，不願吃大米飯。我與國民黨是不能合作的。我可以告訴劉先生：蔣介石曾叫張群來找過我兩次，我已拒絕他。我對不起劉先生，也對不起江蘇人，我抱歉得很！」

會談破裂之後，劉厚生和丁文江乘坐專列返回上海。回到上海時天還沒有亮，淞滬商埠督辦公署的接站司機送劉厚生回法租界葆仁裡住宅途中，撞上了馬路中間的水泥柱子，是一位過路的西洋人把劉厚生、丁文江送進醫院的。住院治療的丁文江以此為藉口，於1926年12月1日向孫傳芳提交了辭呈。

等到蔣介石帶領的國民黨北伐軍佔領上海及周邊地區之後，丁文江為了躲避國民黨方面的通緝和清算，離開上海隱居在日本人統治之下的大連鄉下閉門寫作。他在「大上海」的政治實驗，事實上是以失敗告終的。

第六節　胡適與丁文江的「獨立評論」

1930年11月28日，胡適一家從上海搬回已經改名北平的北京。當天上午，蔣介石南京政府接受教育部長蔣夢麟辭職，改任其為北京大學校長。

胡適來到北平後，與中央研究院歷史語言研究所所長傅斯年、協和醫學院院長兼中華教育文化基金會董事顧臨反復討論，擬定了幫助蔣夢麟重振北京大學的方案，也就是1931年1月9日中華教育基金會董事會在上海通過的「中基會與北大每年各提出二十萬，以五年為期，雙方共提出二百萬，作為合作特別款項，專作設立研究講座及專任教授及購置圖書儀器之用」的合作辦法。

丁文江因此成為北大15名研究教授之第一名。

　　蔣夢麟出任校長的「新北大」是1931年9月14日開學的，開學後的第四天便發生了日本軍隊炮擊瀋陽，張學良的東北軍不予抵抗的「九一八事變」。1931年的年底，胡適和丁文江在朋友們的熱心推動下，開始籌辦《獨立評論》週刊。丁文江提出仿照《努力週報》的辦法，從1932年1月開始每個社員捐出每月固定收入的5%，先積累三個月捐款之後開始出刊，出刊之後捐款仍然繼續。由於胡適住院40多天割治盲腸，《獨立評論》第1號拖到1932年5月22日才出版面世。

　　查勘胡適日記，促使胡適、丁文江等人下決心創辦《獨立評論》的直接動因，是國民政府即將召開的「國難會議」。

　　1931年12月19日，胡適致信負責華北政務的國民黨元老李石曾，懇請代辭擬議中的華北政務委員會委員職務。

　　1932年1月12日，國民政府主席林森頒發聘書，聘請胡適為全國財政委員會委員，23日又邀請胡適參加國難會議。1月27日，胡適在日記中寫道：

> 　　在君、詠霓和我宴請「國難會議」的北方熟人，到者有周作民、王叔魯（克敏）、湯爾和、蔣廷黻、徐淑希、陳博生、傅孟真（斯年）、周寄梅（詒春）、叔永、林宰平、李石曾共十四人。大家交換意見，都以為這會議不當限於討論中日問題，也不應對國民黨取敵對態度。當以非革命的方法求得政治的改善。[10]

---

[10]　曹伯言整理《胡適日記全編》第6卷，安徽教育出版社，2001年，第174頁。

參與這次聚會的14人當中，胡適、丁文江（在君）、翁文灝（詠霓）、蔣廷黼、傅孟真（斯年）、周寄梅（詒春）、任鴻雋（叔永），都是獨立評論社的主要成員。

　　由國民政府召集的「國難會議」於1932年4月7日在洛陽召開，其目的在於爭取全國各界的領袖人物團結一致，共同應對日本侵略。胡適雖然因病沒有前往洛陽參加「國難會議」，他能夠接受該項邀請，足以證明他與國民黨當局之間已經開始化解前嫌、尋求合作。《獨立評論》所要表達的核心理念，恰恰是1月27日聚會時所達成的初步共識：「不應對國民黨取敵對態度，當以非革命的方法求得政治的改善。」

　　《獨立評論》的前期社員11人，捐款總數為4205元。在胡適所謂「小冊子的新聞事業的黃金時代」裡，這點小錢已經足夠《獨立評論》的獨立運作。「最大的節省是我們寫文字的人都是因為自己有話要說，並不想靠稿費吃飯養家，所以不但社員撰文不取稿費，外來的稿子也是因為作者願意籍我們的刊物發表他們要說的話，也都不取稿費。」[11]

　　反觀歷史，胡適、丁文江等人所謂的「獨立評論」，其實是很不獨立也很不專業的，當年也並沒有起到引領時代潮流的導向作用。

　　1932年8月，丁文江在《獨立評論》第13號發表《假如我是張學良》，就守衛熱河省的作戰方略向張學良公開喊話，可惜的是，張學良缺少的恰恰是丁文江所希望的「必死的決心，充分的計畫」。

---

[11] 胡適：《丁文江的傳記》，歐陽哲生編《胡適文集》第7冊，第502頁。

五個月後，日本軍隊開始進攻山海關，丁文江又迫不及待地寫作一篇《假如我是蔣介石》，向掌握最高權力的蔣介石公開喊話：

　　第一、要立刻完成國民黨內部的團結。

　　第二、要立刻謀軍事首領的合作。

　　第三、要立刻與共產黨商量休戰，休戰的唯一條件是在抗日期內彼此互不相攻擊。

　　丁文江這種一廂情願的喊話獻策，從立論上就是違背現代政治文明的。從1215年6月15日英國國王約翰被迫簽署大憲章開始，王在法下、違憲受罰的懲罰性條款，才是檢驗文明政治與前文明政治的試金石。在像張學良、蔣介石這樣的掌權者不肯學好也不能學好的情況下，完全沒有力量監管懲罰蔣介石、張學良的愛國獻策，在很大程度上只是屈原式的自作多情和阿Q式的自欺欺人。

　　1933年1月15日，《假如我是蔣介石》在《獨立評論》第35號發表，佔領山海關的日本軍隊隨後開始進攻熱河地區。3月3日，丁文江、翁文灝、胡適致電蔣介石，要求他立刻北上指揮抗戰：「熱河危急，決非漢卿（張學良）所能支持。不戰再失一省，對內對外，中央必難逃責。非公即日飛來指揮挽救，政府將無以自解於天下。」[12]

　　3月4日，蔣介石回電表示將於5日北上。當天晚上，熱河淪陷。

　　3月13日，丁文江、翁文灝、胡適一起到保定火車站會見蔣

12　曹伯言整理《胡適日記全編》第6卷，第200頁。

介石。蔣介石在交談中承認，按照他的錯誤估計，日軍要進攻熱河，必須從國內和臺灣動員六個師團的兵力。他認為日軍攻打熱河的消息不過是虛張聲勢：「日本知道湯玉麟、張學良的軍隊比我們知道清楚的多多！」

　　針對蔣介石的這番表白，胡適在日記中憤然譴責道：「這真是可憐的供狀！誤國如此，真不可恕。」[13]

第七節　「你說了，我更糊塗了」

　　1933年3月31日，時任行政院長的汪精衛給胡適寫信，邀請他出任教育部長。

　　4月8日，胡適在寫給汪精衛的回信中，建議任命王世杰為教育部長，說是他自己願意「為國家做一個諍臣，為政府做一個諍友。……我所以想保存這一點獨立的地位，決不是圖一點虛名，也決不是愛惜羽毛，實在是想要養成一個無偏無黨之身，有時在緊要的關頭上，或可為國家說幾句有力的公道話。」[14]

　　談到即將出國參加太平洋國際學會的事情，胡適感歎道：「當此國恥重重之日，出國真無顏開口說話，亦無顏抬頭見人。」

　　1933年6月18日，胡適從上海乘船前往美國。抵達美國後，他在芝加哥大學講學六次，講題為《中國文化的趨勢》，該講稿在芝加哥大學出版時改書名為《中國的文藝復興》。

　　8月14至18日，胡適在加拿大阿爾伯塔省西南部的班夫出席太平洋國際學會第五屆常會。10月29日，胡適回到北平。

---

[13] 曹伯言整理《胡適日記全編》第6卷，第207頁。
[14] 耿雲志著《胡適年譜》（修訂本），福建教育出版社，2012年，第175頁。

1933年11月19日，胡適主編的《獨立評論》第77號刊登北京大學教授、明清史專家孟森（字心史）拜訪胡適之後寫作的《現代化與先務急》，其中建議大家不要再亂談什麼現代化了，如今最需要的是平心靜氣地商量一下當務之急究竟是什麼。

　　為了回應孟森的建議，胡適在同期刊物發表《建國問題引論》，說是1933年7月的上海《申報月刊》，集中發表了20多篇討論「現代化」的文章，這些文章的內容好像是在彼此打消。看了這十萬字的討論，真有點像戲臺上的潘老丈所說的：「你說了，我更糊塗了。」

　　但是，胡適自己所謂的「建國問題引論」，同樣屬於「你說了，我更糊塗了」的偽命題：

> 　　我個人近年常常想過，我們這幾十年的革新工作，無論是緩和的改良運動，或是急進的革命工作，都犯了一個大毛病，就是太偏重主義，而忽略了用主義來幫助解決的問題。……所以我們提議：大家應該用全副心思才力來想想我們當前的根本問題，就是怎樣建立起一個可以生存於世間的國家的問題。這問題不完全是「師法外國」的問題，因為我們一面參考外國的制度方法，一面也許可以從我們自己的幾千年歷史裡得著一點有用的教訓。

　　看了這段話語，不難明白一個基本事實：當年的胡適無論讀過多少英文書籍，無論他如何提倡「充分世界化」的「健全的個人主義」，短時期內是很難用以人為本的個人自由、甲乙平等、法治民主、限權憲政的現代文明價值觀念，置換取代中國傳統社

會以所謂天道天理及家國天下為本體本位的公天下、打天下、坐天下、平天下、家天下、私天下的怪圈魔咒和思想牢籠的。當年的中華民國，擁有主權國家所需要的所有要素條件：領土、國民、政府、軍隊、官方文字、國際地位等等，更何況這樣的「祖國」是幾千年來一再輪回的分久必合、合久必分的改朝換代的結果，完全用不著在國體層面採取什麼樣的「主義」來加以「救治建立」。中國社會真正需要的是政權和政體層面的文明轉型，也就是從保護主體個人以人為本之自由自治、財產私有，甲乙雙方之契約平等、公平交易，以及公民自組織及城邦社區法治民主、依法自治之制度建設入手；一方面切實有效地實現針對公共權力的依法監管，尤其是切實確立傳統中國人想都不敢想的針對最高統治者加以分權制衡、限權監管、違憲必究的制度框架；一方面通過制訂完善保障自然人和實體法人之私有財產和契約誠信的民商法典，在自由市場經濟的前提下充分啟動整個民間社會從事社會化擴大再生產的內驅力和創造力。

從這個意義上說，胡適旨在拋磚引玉的《建國問題引論》，從一開始就把話題引向了「你說了，我更糊塗了」的似是而非聳人聽聞的偽問題和偽話題。

胡適發表《建國問題引論》不久，曾經在1932年上海「一·二八」抗戰中英勇奮戰的第十九軍將領陳銘樞、蔡廷鍇等人，在福建組織以李濟深為主席的「中華共和國人民革命政府」。曾經留學美國獲得哥倫比亞大學歷史學博士學位的清華大學教授蔣廷黻，為此寫作《革命與專制》一文，刊登在1933年12月10日的《獨立評論》第80號。文章認為福建事變不是真正的革命，而是貨真價實的內亂。接下來，蔣廷黻撇開他所熟悉的美國歷史，僅

僅根據英國、法國、俄國的歷史就得出結論：因為中國沒有經過一個專制的時代，還沒有建立一個民族國家，所以現在的當務之急是首先要補上「專制」這一課，然後才能用統一的民族國家為人民謀幸福。

針對蔣廷黻的說法，胡適連寫兩篇文章加以批駁。

第一篇《建國與專制》刊登在《獨立評論》第81號，文章認為，「建國」並不一定非要依靠專制，比如蔣廷黻所說的英國都鐸王朝就不是專制社會，而是議會政治、商業文明、文化藝術都很發達的時代。中國自兩漢以來就已經形成民族國家，蔣廷黻的立論並不可靠。

第二篇《再論建國與專制》刊登在《獨立評論》第82號，胡適在文章中寫道：

> 我不信中國今日有什麼大魔力的活問題可以號召全國人的情緒與理智，使全國能站在某個領袖或某黨某階級的領導之下，造成一個新式專制的局面。……這兩年的絕大的國難與國恥還不夠號召全國的團結，難道我們還能妄想抬出一個蔣介石，或者別個蔣介石來做一個新的全國大結合的中心嗎？[15]

接下來，胡適談到自己「很狂妄的僻見」：「我觀察近幾十年的世界政治，感覺到民主憲政只是一種幼稚的政治制度，最適宜於訓練一個缺乏政治經驗的民族。……民主政治的好處正在

---

[15] 智效民編著《民主還是獨裁──70年前一場關於現代化的論爭》，第8頁。

於不需要出類拔萃的人才；在於可以逐漸推廣政權，有伸縮的餘地；在於『集思廣益』，……總而言之，民主政治是常識的政治，而開明專制是特別英傑的政治。」

該文寫於1933年12月18日，胡適在當天日記中自鳴得意地表白說：「寫《再論建國與專制》，到晨三點半始完。其末段論民主政治為幼稚的政治，最適宜於我們這種幼稚阿斗，此意似未經人道過。」[16]

所謂「此意似未經人道過」，並不能證明胡適擁有多麼強大的創新能力，反而暴露出他對於經濟、法政等相關學科的無知無畏。

最富於臨床經驗的優秀大夫，往往用最為廉價也最為普通的醫療手段或醫用藥物給人治病；最為優秀的教師，往往用最為通俗生動的簡單話語來傳授專業知識；這一切並不意味著這些大夫和教師如何「幼稚」。包括蘋果手機、蘋果電腦在內的大多數暢銷於國際市場的高科技產品，方便於幾乎所有個人來操作運用，同樣不意味著高科技產品本身簡單幼稚。

近現代以英美兩國為標杆的法治民主、限權憲政的政治制度，是經過一代又一代擁有地方自治之代議授權的法政精英，憑藉著足夠的軍政實力反復博弈、反復修正才得以確立的，其複雜繁難的程度遠遠超過任何科學實驗和科技發明。這一點在詹姆斯‧麥迪森的《辯論：美國制憲會議記錄》和亞歷山大‧漢密爾頓、約翰‧傑伊、詹姆斯‧麥迪森的《聯邦黨人文集》中，就有較為集中的記錄和展現。

---

[16] 曹伯言整理《胡適日記全編》第6冊，安徽教育出版社，2001年，第254頁。

相對于胡適等人所謂的建國救國，自秦始皇以後一直在追求大一統的以天道天理及家國天下為本體本位的既要獨尊君權又要獨尊儒術的集權專制的中國社會，真正需要的是民商法典所切實保障的民間企業之經濟建設，以及腳踏實地、扎實穩妥之或邦聯或聯邦的地方自治加分權分稅的制度建設。代表國家政權的邦聯或聯邦政府的有限職責，主要集中於國防和外交兩個領域，以便在自由市場經濟的前提下，充分啟動整個民間社會從事社會化擴大再生產的內驅力和創造力。

　　胡適把所謂「最適宜於訓練一個缺乏政治經驗的民族」的法治民主、限權憲政的政治制度，無知無畏地認定為「只是一種幼稚的政治制度」，當然不足以說服在美國見識過現代文明制度的蔣廷黻。蔣廷黻看到胡適上述觀點之後覺得「不屑答覆」，他有一天對胡適說：「你那一段議論簡直是笑話，不值得討論。」[17]儘管如此，蔣廷黻還是以《論專制並答胡適之先生》為題，在《獨立評論》第83號給出了公開回應。在這篇文章當中，特別值得注意的是蔣廷黻提出的「私忠」、「公忠」的概念：

　　　　我們以為個人的專制來統一中國的可能比其他方式可能性較高。破壞統一的就是二等軍閥，不是人民，統一的問題就成為取消二等軍閥的問題。他們既以握兵柄而割據地方，那末，唯獨更大的武力能打倒他們。中國人的私忠既過於公忠，以個人為中心比較容易產生大武力。……中

---

[17] 胡適：《再談談憲政》，原載《獨立評論》第236號。智效民編著《民主還是獨裁——70年前一場關於現代化的論爭》，第169頁。

國今日有無其人，我也不知道。[18]

　　1933年夏天，蔣廷黻在廬山牯嶺蒙受蔣介石的約見，從此便成為蔣介石的一位鐵桿親信。他在「私忠」與「公忠」之間，所選擇的是先效忠於蔣介石私人再效忠於中華民國的「私忠」。公開提倡「充分世界化」的「健全的個人主義」的胡適，所選擇的並不是嚴格意義上的個人主權優先於所謂國家主權的以人為本，而是以家國天下為本體本位的只忠誠於現代文明的國家理念而不肯效忠於某一個政治強人的「公忠」愛國。

　　有了胡適、孟森、蔣廷黻三個人的拋磚引玉，清華大學教授吳景超在《獨立評論》第84號發表《建國與專制》一文，力挺蔣廷黻的「武力統一論」，他認為只有在國家統一之後，才可以研究「現代化」等問題。

　　針對蔣廷黻、吳景超的上述觀點，胡適先後寫作《武力統一論》（《獨立評論》第85號）和《政治統一的途徑》（《獨立評論》第86號）加以反駁。

　　在《武力統一論》中，胡適批評蔣廷黻、吳景超所說的「武力統一」，其實是「馬上得天下」的事業，還談不上得了天下以後應該實行民主還是應該實行專制。

　　在《政治統一的途徑》中，胡適通過從相對空洞的國體向可供人為操作的政體的下沉位移，初步顯示出比蔣廷黻、吳景超等人的高超之處：

---

[18] 智效民編著《民主還是獨裁──70年前一場關於現代化的論爭》，第30頁。

我所設想的統一方法，簡單說來，只是用政治制度來逐漸養成全國的向心力，來逐漸造成一種對國家「公忠」去替代今日的「私忠」。……國會不是先生所嘲笑的「維多利亞時代的自由主義和代表制度」。國會的功用是要建立一個中央與各省交通聯貫的中樞。它是統一國家的一個最明確的象徵，是全國向心力的起點。舊日的統一全靠中央任命官吏去統治各省。如今此事既然做不到了，統一的方式是反其道而行之，要各省選出人來統治中央，要各省的人來參加中央的政治，來監督中央，幫助中央統治全國。這是國會的根本意義。[19]

為了證明國會的有效性，胡適為他激烈批評過的曹錕時代的賄選國會提供了一段精彩辯護：「曹錕要做大總統，他用一連兵也就可以包圍國會了，何必要花五千元一票去賄選呢？馬君武先生曾說：曹錕肯化五千元一票去賄選，正可以使我們對於民主憲政抱樂觀，因為那個國會的選舉票在曹錕的眼裡至少還值得四十萬元的代價。況且有了賄選的國會，也就可以有賄不動的國會；有了一連兵解散得的國會，也就可以有十師兵解散不了的國會。」

胡適所選擇和堅持的只忠誠於現代文明的國家理念而不肯效忠於某一個政治強人的「公忠」態度，比起蔣廷黻、吳景超等人極力擁戴蔣介石實施蔣家王朝家天下的「私忠」，自然是一種文明進步；但是，與以人文本的個人自由、甲乙平等、法治民主、

---

[19] 智效民編著《民主還是獨裁──70年前一場關於現代化的論爭》，第75-79頁。

限權憲政的西方現代社會相比較，依然停留在前現代文明的框架侷限之中。儘管如此，當年的知識界能夠在「公忠」方面與胡適保持某種程度的一致性的，只有丁文江、傅斯年等極少數人。

1934年4月19日，正在南京幫助新任中央研究院總幹事丁文江整頓院務的傅斯年致信胡適說：

> 此間一切讀書朋友對定（廷）黼文章極不滿。故此公雖邀西府之垂青，實已自棄其moral（道德）力量。中國雖至今日猶有三分廉恥，此則系於二三人之努力，曾滌生所謂「風俗之厚薄奚自乎，自乎一二人【心】之傾（所）向而已」是也。此間讀書朋友，雖為卿士，未嘗喪天良也。[20]

這裡所謂的「邀西府之垂青」，就是邀寵於蔣介石的最高當局。曾滌生即武力平定太平天國運動的曾國藩。當年的梁啟超、丁文江、傅斯年等人，沒有足夠的智慧和能力在民主授權、限權憲政、治官安民方面攻堅碰硬，只好委曲求全地到前文明社會的模範人物曾國藩身上尋找公忠愛國的道德力量。丁文江早在1923年刊登在《努力週報》第67期的《少數人的責任》一文中，就引用過曾國藩的名句：「風俗之厚薄奚自乎？自乎一二人之心之所向而已。」

1934年1月，清華大學法學教授錢端升，在上海《東方雜誌》發表長篇論文《民主政治乎？極權國家乎？》，說是由於無

---

[20] 《胡適來往書信選》中冊，中華書局，1979年，第238頁。

產階級的反抗和經濟發展的需要，現代社會是一個民主制度日趨衰微、獨裁制度紛紛誕生的時代，蘇聯、德國、義大利、土耳其等獨裁政權就是典型範例。這些國家之所以引起世人注意，是因為它們用極權的方法解決了本國的經濟問題。中國也需要一個有能力、有理想的獨裁制度，以便在最短時間裡成為一個具有相當經濟實力的國家。奉勸人們對獨裁不必一味地害怕，若以大多數人民的福利而論，獨裁制度不見得不如民主政治。

第八節　胡適與丁文江論「新式的獨裁」

1934年11月27日，汪精衛、蔣介石為了贏得民心，在國民黨四屆五中全會即將召開之際聯名發表通電，其最後一句話是：「蓋中國今日之環境與時代，實無產生意俄政制之必要與可能也。」

蔣介石當天接受日本大阪每日新聞記者採訪時，又公開表示說：「中國與義大利、德意志、土耳其國情不同，故無獨裁之必要。」[21]

12月9日，胡適在《大公報》發表星期論文《關於思想自由》，該文在《獨立評論》第131號轉載時改名為《汪蔣通電裡提起的自由》，其中公開向國民黨當局提出了開放黨禁報禁、保障個體人權等五項建議。用胡適的話說，他對於來自權力中樞的這樣一種既順應各方民意又順應歷史潮流的政治信號，所做出的是「趁火打劫」的快速反應。

---

[21] 胡適：《中國無獨裁的必要與可能》，智效民編著《民主還是獨裁——70年前一場關於現代化的論爭》，第63頁。

胡適「趁火打劫」寫作的另一篇《中國無獨裁的必要與可能》，於12月11日發表在《獨立評論》第130號，其中寫道：

> 民主政治是幼稚園的政治，而現代式的獨裁可以說是研究院的政治。這個見解在這一年中似乎不曾引起國內政治學者的注意。這大概是因為這個見解實在太不合政治學書裡的普通見解了。……試看美國的民主政治，哪一方面不是很幼稚的政治？直到最近一年半之中，才有所謂「智囊團」的政治出現於美國，這正是因為平時的民主政治並不需要特殊的專家技術，而到了近年的非常大危機，國會授權給大總統，讓他試行新式的獨裁，這時候大家才感覺到「智囊團」的需要了。[22]

胡適在這篇文章的結束語中強調說：在不少政客和學者都鼓吹獨裁政治的時候，「他們心目中比較最有獨裁資格的領袖卻公然向全國宣言：『中國今日之環境與時代實無產生意俄政制之必要與可能。』只此一端已可證中國今日實無獨裁的可能了。」

胡適一邊藉口「民主政治是幼稚園的政治，而現代式的獨裁可以說是研究院的政治」來讚美美國的所謂「新式的獨裁」；一邊又說「中國今日實無獨裁的可能」；本身就是缺乏專業精神和嚴謹態度的自相矛盾。胡適這種自相矛盾的「趁火打劫」，為丁文江等人趁虛而入、見縫插針的反批評，提供了一個致命破綻。

12月18日，丁文江在《大公報》發表星期論文《民主政治與

---

22 胡適：《中國無獨裁的必要與可能》，智效民編著《民主還是獨裁——70年前一場關於現代化的論爭》，第64頁。

獨裁政治》，針對胡適《中國無獨裁的必要與可能》一文批評說：「在今日的中國，獨裁政治與民主政治都是不可能的，但是民主政治不可能的程度比獨裁政治更大。」在丁文江看來，胡適所謂的「新式的獨裁」，才是現實政治的改進方向：

> 汪蔣兩先生儘管通電說獨裁政治不是必要，而事實上國民政府何嘗不是變相的獨裁，不過不是蔣廷黻、錢端升兩先生理想的獨裁而已。豈但我們的政治沒有脫離革命的方式，我們的國家正遇著空前的外患，——不久或者要遇著空前的經濟恐慌。在沒有渡過這雙重國難以前，要講民主政治，是不切事實的。胡適之先生自己說，美國「到了近年的非常大危機，國會授權給大總統，讓他試行新式的獨裁」。我們的國難十倍於美，除去了獨裁政治還有旁的路可走呢（麼）？[23]

接下來，丁文江給所謂「新式的獨裁」擬定了四個標準化的要素條件：

1. 獨裁的首領要完全以國家的利害為利害。
2. 獨裁的首領要澈底瞭解現代化國家的性質。
3. 獨裁的首領要能夠利用全國的專門人才。
4. 獨裁的首領要利用目前的國難問題來號召全國有參與政治資格的人的情緒與理智，使他們站在一個旗幟之下。

事實上，美國歷史上的「羅斯福新政」，只是在美國社會

---

[23] 智效民編著《民主還是獨裁——70年前一場關於現代化的論爭》，第124頁。

已經趨於成熟穩定的制度框架內，通過議會兩院的立法授權程序有限度、有邊界地擴張了總統以及聯邦政府相對於各州政府的權力份額和執政力度，與「獨裁」二字是劃不上等號的。通過議會擴權之後的羅斯福，並沒有掌握任意妄為的獨裁權力，假如他違背相關的法律條款推行專制獨裁，美國社會是完全有能力依照既定的法律條款和制度程序來對他實施彈劾懲戒的。胡適和丁文江所謂「國會授權給大總統，讓他試行新式的獨裁」，是明顯誤讀「羅斯福新政」的基本事實和法理常識的一個偽命題。

到了1953年11月5日，胡適在匹茨堡大學演講《一個東方人看現代文明》時再一次談到推行所謂「新政」的佛蘭克林・羅斯福，所強調的就是羅斯福不可能實施「獨裁」的基本事實：「我曾經半開玩笑地說，儘管羅斯福總統的權力那麼大，他在他的家鄉——哈德孫河邊的達奇縣——的選舉就從來沒有贏過。同時，他把『感恩節』提前一周的做法也失敗了。這就在在說明了在西方世界裡，民主的力量大到足以控制政府的權力。」[24]

1934年12月30日出版的《獨立評論》第133號裡，胡適在轉載丁文江《民主政治與獨裁政治》的同時，也刊登了他自己的回應文章《答丁在君先生論民主與獨裁》，針對丁文江像打賭押寶一樣把國家民族的前途命運寄託於明君清官之好人政府痛加批駁：

> 丁在君先生……對於英美的民主政治實在不很瞭
> 解。……民治國家的阿斗不用天天干政，然而逢時逢節

---

[24] 引自江勇振著《舍我其誰：胡適（第四部）國師策士1932-1962》，臺灣聯經出版事業股份有限公司，2018年2月，第683-684頁。胡適所謂的「民主的力量」，其實應該是法治民主加限權憲政的制度性力量。

他們干政的時候，可以畫「諾」，也可以畫「No」。獨
裁政治之下的阿斗，天天自以為專政，然而，他們只能畫
「諾」，而不能畫「No」。所以，民主國家的阿斗易學，
而獨裁國家的阿斗難為。民主國家有失政時，還有挽救的
法子，法子也很簡單，只消把「諾」字改作「No」字就行
了。獨裁國家無權說一個「No」字，所以丁在君先生也只
能焚書告天，盼望那個獨裁的首領要全知全德，「要完全
以國家的利害為利害，要澈底瞭解現代化國家的性質，要
利用全國的專門人才」。萬一不如此，就糟糕了。[25]

　　到了1935年1月1日，胡適從上海乘坐哈裡生總統船前往香港接
受香港大學授予的名譽博士學位。1月2日，他利用海船上的閒暇時
間為過去的一年寫下總結性的長篇日記《一九三四年的回憶》，其
中特別談到1934年12月28日，丁文江「忽然發表了一篇《民主與
獨裁》，專駁我的一篇有意利用汪蔣感電來『趁火打劫』的文
字」。[26]「趁火打劫」四個字，活靈活現地展示了胡適只忠誠於
現代文明的國家理念而不肯效忠於某一個政治強人的精神面貌。

第九節　胡適與丁文江的「愛國苦心」

　　胡適的《答丁在君先生論民主與獨裁》並沒有能夠說服丁文
江。1935年1月20日，丁文江在《大公報》發表另一篇星期論文
《再論民治與獨裁》，其中表白說：

---

[25] 智效民編著《民主還是獨裁——70年前一場關於現代化的論爭》，第125-127頁。
[26] 曹伯言整理《胡適日記》第6冊，第427頁。

我少年時曾在民主政治最發達的國家讀過書的。一年以前,我曾跑到德意志蘇俄參觀過的。我離開蘇俄的時候,在火車裡,我曾問我自己:「假如我能夠自由選擇,我還是願意做英美的工人,或是蘇俄的知識階級?」我毫不遲疑的答道:「英美的工人!」我又問到:「我還是願意做巴黎的白俄,或是蘇俄的地質技師?」我也毫不遲疑的答道:「蘇俄的地質技師!」在今日的中國,新式的獨裁如果能夠發生,也許我們還可以保存我們的獨立。要不然只好自殺或是做日本帝國的順民了。我寧可在獨裁政治之下做一個技師,不願意自殺,或是做日本的順民![27]

丁文江在這段話語裡,表現出的是他不惜偷換概念也要證明自己無限愛國的價值混亂和身分歧視:偌大一個美國,難道不正是逃出「祖國」的清教徒以及各種冒險家逐步建立起來的麼?難道逃出「祖國」的「巴黎的白俄」,就不可以光明正大地充當「英美的工人」和英美的「知識階級」麼?難道當年的愛因斯坦、哈耶克們,不正是在遠離「祖國」的情況下為全人類貢獻出了他們各自的精神財富麼?難道猶太民族不正是在亡國之後才在世界範圍的工商金融領域成長壯大為財富精英的麼?一個可以成為「英美的工人」的「巴黎的白俄」,為什麼就比不上幾乎沒有自我表達和自由選擇權利的「蘇俄的地質技師」呢?難道丁文江僅僅為了表明自己公忠愛國的道德潔癖,就可以用充滿身分歧視的非職業性的「巴黎的白俄」,來混淆「英美的工人」、「蘇俄

---

[27] 智效民編著《民主還是獨裁——70年前一場關於現代化的論爭》,第130頁。

的知識階級」、「蘇俄的地質技師」之類的職業概念麼？1949年之後滯留大陸的中央研究院第一批院士陳寅恪、曾昭掄、葉企孫、吳宓、饒毓泰、謝家榮等人連同胡適的次子胡思杜的死於非命，難道不足以證明「在獨裁政治之下做一個技師」，確實比不得「做日本的順民」嗎?!

對於丁文江這種狹隘民族主義的公忠愛國，可以借用魯迅當年的經典話語來加以回應：「用筆和舌，將淪為異族的奴隸之苦告訴大家，自然是不錯的，但要十分小心，不可使大家得著這樣的結論：『那麼，到底還不如我們似的做自己人的奴隸好。』」[28]

一直以中國社會極少數的科學加道德加宗教加愛國的全能精英自居的充滿著身分優越感的丁文江，顯然不願意選擇「英美的工人」、「蘇俄的知識階級」、「蘇俄的地質技師」之類的普通職業，他所選擇的是淞滬商埠督辦公署全權總辦、中央研究院總幹事之類更高等級的技術官僚。關於這一點，丁文江1935年5月7日在中央廣播電臺發表的廣播稿《科學化的建設》中，有明確表示：「假如國家不能養成專門的技師，一切專門的事業當然無法著手。比專門技師尤其重要的是任用專門技師的首領。假如他們不能瞭解科學的意義，不能判斷政策的輕重，不能鑒識專門的人才，則一切建設根本不會成功的。」[29]

與丁文江一樣充滿著科學加道德加宗教加愛國的全能精英式的身分優越感的胡適，當年並沒有針對丁文江的這篇文章加以回應。到了1946年4月24日，胡適在日記中寫道：「讀Kravchenko's *I Chose Freed*（克蘭欽可的《我選擇自由》），很受震動！此君原

---

[28] 魯迅：《半夏小集》，《魯迅全集》第6卷，人民文學出版社，1981年，第595頁。
[29] 胡適：《丁文江的傳記》，《胡適全集》第19卷，第545頁。

是蘇俄駐美採辦委員會的金類專家，1944年他偷跑了，來到紐約避禍，向報界談話，請求輿論的保護。此書是他的自傳，描寫蘇俄的內部慘酷情形，甚有力量。」[30]

1948年1月21日，胡適在《國際形勢裡的兩個問題：給周鯁生先生的一封信》裡，較為完整地回顧了自己對於蘇俄社會主義一廂情願想當然的盲目希望和信賴：

> 我是一個深信和平主義的人，知道中國與俄羅斯之間有世界上最長的共同邊界，因此我向來對蘇俄抱著很大的熱望，希望它能「愛好和平到不恤任何代價」的程度。我認為無論是1918年蘇俄和德國簽訂《布列斯特李托烏斯克和約》，還是1939年蘇俄和德國簽訂互不侵犯條約，都可以說是蘇俄「愛好和平到不恤任何代價」的表示。然而，1939年9月以後發生的波蘭被瓜分、芬蘭被侵略等事件，使我對蘇俄開始產生懷疑。即使如此，我還是不願意從壞的方面去想它。因此直到1941年年底，我還在美國政治學會年會上說：「我夢想中蘇兩國的邊界，能依照美國和加拿大之間的邊界的好榜樣，不用一個士兵防守。」後來，這句話還被訪問蘇俄和中國的美國副總統華萊士，在重慶機場的書面談話當中加以引用。到了「二戰」結束前後，「雅爾達秘密協定的消息，中蘇條約的逼訂，整個東三省的被拆洗，——這許多事件逼人而來。鐵幕籠罩住了外蒙古、北朝鮮、旅順、大連。我們且不談中歐與巴爾幹。單

---

[30] 曹伯言整理《胡適日記全編》，第7冊，安徽教育出版社，2001年，第596頁。

看我們中國這兩三年之中從蘇聯手裡吃的虧，受的侵害，
——老兄，我不能不承認這一大堆冷酷的事實，不能不拋
棄我二十多年對『新俄』的夢想，不能不說蘇俄已變成了
一個很可怕的侵略勢力。」

胡適為此進一步指出，「試回想你我兩人在五、六年前對蘇
俄那樣熱心的期望，試回想我們當時親眼見看的西方民主社會對
蘇聯那樣真誠的友誼，——我們不能不惋惜：蘇俄今日被人看作
一個可怕的侵略勢力，真是蘇俄自己的絕大不幸，自己的絕大損
失了。」[31]

1949年4月29日，留在大陸的北京師範大學校長陳垣，在為
響應號召而寫作的《給胡適之先生一封公開信》中回憶說：「記
得去年我們曾談過幾回，關於北平的將來，中國的將來，你曾對
我說：『共產黨來了，決無自由。』並舉克蘭欽可的《我選擇自
由》一書為證。」[32]

到了1956年3月，寫作《丁文江的傳記》的胡適，不僅沒有
認真反思他自己以及丁文江對於羅斯福新政的嚴重誤讀，反而替
丁文江嚮往的「新式的獨裁」辯護說：

> 我們回頭細讀他的政論文字——最好是把他晚年的幾
> 篇政論放在一塊讀下去——我們方才能夠認識他的愛國苦
> 心，他的科學態度，他的細密思考。……他在那個時期主

---

[31] 耿雲志、歐陽哲生編《胡適書信集》，中冊，北京大學出版社，1996年，第1134-
1136頁。

[32] 陳智超編注《陳垣來往書信集》，上海古籍出版社，1990年，第191頁。

張「新式的獨裁」是同他生平的宗教信仰和科學訓練都不相違背的，是可以領導全國走向「建設新中國」的路上去的。

出於對丁文江充滿著科學加道德加宗教加愛國的全能精英式身分優越感及其「愛國苦心」的高度認同，胡適在《丁文江的傳記》中感慨道：「他的『新式的獨裁』的第一個條件是『獨裁的首領要完全以國家的利害為利害』。九一八事變之後，政府的首領不敢及早交涉，也不能及早交涉，就是不能『完全以國家的利害為利害』，就是夠不上『新式的獨裁』的第一個條件。」

在筆者看來，這裡的第一個問題是：「完全以國家的利害為利害」的所謂「首領」，自然應該開誠佈公、相互平等地與所有的國民分享其公共權力，為什麼一定要搞所謂的「新式的獨裁」呢？

接下來的第二個問題是：所謂的「國家的利害」，也就是所有國民的個人利害的總和，「首領」個人有什麼樣的資格和權利針對「國家的利害」實施「獨裁」呢？所謂的「獨裁」或「新式的獨裁」的合法性，又是從何而來呢？

反過來說，既然「獨裁的首領」可以對「國家的利害」加以「獨裁」，還需要以科學加道德加宗教加愛國的全知全能的知識精英自居的丁文江們浪費口舌，寫作《民主政治與獨裁政治》、《再論民治與獨裁》之類夾纏不清的劣質文章麼？

再進一步說，既然丁文江、胡適敢於公開以科學加道德加宗教加愛國的全知全能的極少數知識精英自居，你們自己為什麼不直接爭取實施獨裁的地位和機會，而偏偏要像賭博押寶一樣寄希

望於「夠不上『新式的獨裁』的第一個條件」的蔣介石呢?!

1935年12月2日,時任中央研究院總幹事的丁文江從南京來到長沙,應鐵道部長顧孟餘約請探查粵漢鐵路沿線可供開採的煤礦資源,同時受教育部長王世杰委託,在長沙附近為清華大學等北方高校的戰時南遷選擇校址。作為參與設計粵漢鐵路的地質專家,丁文江自己最為關心的是:萬一華北不能保全了,萬一平漢鐵路不能繼續運煤南下了,粵漢鐵路沿線的南方諸省的能源供給如何解決?

丁文江從蘇俄回國時,就感覺兩手兩腳的指尖有點麻木,他到協和醫院檢查身體,檢查的結果是出現了血管硬化的跡象。醫生勸他多休息,不要太勞苦。丁文江到湖南後卻遊興大發,12月7日,他從南嶽衡山乘坐鐵路局的汽車到茶園鋪,然後步行15裡前往譚家山煤礦。他走下600深的礦洞,累得衣服全部濕透。走出洞口,天氣極冷,他不肯洗澡,把濕衣服烘乾就離開了。過度勞累的丁文江,當天便開始傷風感冒。

12月8日是星期天,丁文江入住衡陽市區的粵漢鐵路株韶段路局的賓館,與老朋友凌鴻勳交談了一整天,晚上又到凌鴻勳家吃飯,約定第二天同去耒陽考察馬田墟煤礦。9號早晨凌鴻勳來到賓館,才發現服用安眠片又封閉門窗的丁文江,因為在壁爐中燒煤取暖而煤氣中毒。由於救治過程的一再失誤,致力於科學救國和公忠愛國的丁文江於1936年1月5日下午在長沙湘雅醫院去世,年僅49歲。

後記
從江勇振之胡適研究談起[1]

美籍華人江勇振，繼64萬字的《舍我其誰：胡適》第一部《璞玉成璧，1891-1917》之後，又於2013年推出83萬字的同名傳記第二部《日正當午，1917-1927》。書中發掘研判了許多鮮為人知的文獻資料，充實豐富了胡適研究的相關內容；美中不足的是，自稱擁有足以成為學術典範的「舍我其誰」方法論的江勇振，並沒有真正領悟到胡適「充分世界化」的「健全的個人主義」的文明觀念和價值追求。

1.胡適自我健全的立異求同

作為書名的「舍我其誰」四個字，來源於胡適1917年3月8日記錄在留學日記中的一句英文：「You shall know the difference now that we are back again!」這句英文脫胎於荷馬史詩《伊利亞特》，英國19世紀的宗教改良運動即「牛津運動」的領袖人物紐曼，是把這句英文當作座右銘加以引用的。1917年的胡適，用白話文在

---

[1] 本文是應《新京報》讀書編輯臨時邀約寫作的一篇急就章的讀書評論，經刪改之後以《資料翔實，誤讀胡適》為標題，發表於《新京報》2013年10月5日讀書版。錄入本書時重新進行了增補改寫。

日記中翻譯道：「如今我們已回來，你們請看分曉罷！」[2]

　　四個月後，胡適從美國學成回國。兩年後的1919年3月22日，已經成為北京大學知名教授和新文化運動靈魂人物的胡適，在少年中國學會籌備會議上發表標題為〈少年中國之精神〉的演講，再次引用了這句英文格言，並且給出了更加準確的中文翻譯：「如今我們回來了，你們看便不同了！」

　　1921年4月30日，胡適到天津演講〈個人與他的環境〉時，又一次引用這句英文格言，所闡述的是他正在形成之中的自我健全、立異求同的「健全的個人主義」價值觀：

　　　　個人應尊重自己良心上的判斷，不可苟且附和社會。今日我一個人的主張，明日或可變成三個人的主張；不久或可變成少數黨的主張；不久或可變成多數黨的主張。……社會的改造不是一天早上大家睡醒來時世界忽然改良了。須自個人「不苟同」做起。須是先有一人或少數人的「不同」，然後可望大多數人的漸漸「不同」。[3]

　　在中國文化史上，像黑格爾所說的表現「自由的個人的動作的實現」的西方經典戲劇的正式引進，是從1918年6月出版的《新青年》「易卜生號」開始的。負責編輯這期刊物的胡適，並沒有採用黑格爾「自由的個人」的概念，而是採用了一個中國化的通俗概念：「健全的個人」。1930年12月，《胡適文選》由亞

[2]　曹伯言整理《胡適日記全編》第2卷，安徽教育出版社，2001年，第555-556頁。參見江勇振著《舍我其誰：胡適（第二部 日正當中，1917-1927）》下篇，浙江人民出版社，2013年，第430-441頁。
[3]　曹伯言整理《胡適日記全編》第3卷，第232-233頁。

東圖書館出版發行，胡適在為該書所寫自序《介紹我自己的思想》中指出，《易卜生主義》一文「代表我的人生觀，代表我的宗教。」「易卜生最可代表19世紀歐洲的個人主義的精華，故我這篇文章只寫得一種健全的個人主義的人生觀。……這個個人主義的人生觀一面教我們學習娜拉，要努力把自己鑄造成個人；一面教我們學斯鐸曼醫生，要特立獨行，敢說老實話，敢向惡勢力作戰。」

陳獨秀主編的《新青年》雜誌，只是一份新舊雜陳的地域性刊物，是正在美國留學的胡適，為該雜誌注入了「充分世界化」的「健全的個人主義」的現代精神和文化靈魂。這種現代精神和文化靈魂表現在形而下的工具論層面上，主要是最具可操作性的白話文寫作及推廣；表現在形而上的價值觀念方面，就是大力輸入現代工商契約及民主憲政社會的「充分世界化」的價值觀念和價值譜系。具體落實到中國社會的文化語境之中，胡適用自我健全、立異求同的「健全的個人主義」，來概括這種「充分世界化」的價值觀念和價值譜系。

就在胡適借助易卜生戲劇向中國社會輸入引進「易卜生主義」即「健全的個人主義」的1918年8月，他在寫給錢玄同的書信中，腳踏實地實踐了這樣一種價值觀念：

> 我所有的主張，目的並不止於「主張」，乃在「實行這主張」。故我不屑「立異以為高」。我「立異」並不「以為高」。我要人知道我為什麼要「立異」。換言之，我的「立異」的目的在於使人「同」於我的「異」。（老兄的目的，惟恐人「同」於我們的「異」；老兄以為凡贊

成我們的都是「假意」而非「真心」的。）故老兄便疑心
我「低首下心去受他們的氣」。[4]

　　胡適把創新立異的大目標限定於造福全社會以至全人類的使
人「同」於我的「異」；而不是像《新青年》同人團隊中極具攻
擊性和戰鬥力的錢玄同、陳獨秀、劉半衣等人那樣，基於「存天
理，去人欲」的天理在我、惟我獨尊、替天行道、黨同伐異的老
舊思維，惟恐他人「同」於我們的「異」；以為凡贊成我們的都
是「假意」而非「真心」。
　　江勇振顯然沒有意識到胡適這種「充分世界化」的「健全的
個人主義」價值觀，在中國歷史上所具有的劃時代的創新意義。
他在書中所要糾纏的，是更低層次的所謂「五十步笑百步」的本
質相同：

　　　　退一步來說，即使胡適在《新青年》的編輯群裡表示
　　異議，他自己的做法跟「王敬軒」之計比較起來，只不過
　　是五十步笑百步而已。他要錢玄同等人不要因為不同意宋
　　春舫對戲劇的看法，就肆意謾罵他。理由是《新青年》可
　　以把他收為己用，不要一下子就把他逐出門牆。[5]

　　為了在理論上壓倒胡適以證明自己比胡適更加高明和高尚，
江勇振寫道：「胡適1915年1月在信上告訴韋蓮司，到美國留學
四年以來，他所服膺的是康德的道德律令，那就是說，必須把每

4　耿雲志、歐陽哲生編《胡適書信集》上冊，北京大學出版社，1996年，第197頁。
5　江勇振著《舍我其誰：胡適（第二部 日正當中，1917-1927）》上篇，第230-231。

一個人都當成目的，而不只是手段。」

無論康德如何解釋他的道德律令，現代文明人應該具備的常識理性是：每一個人既是目的，也是實現某種目的之第一載體和第一手段。人與人之間之所以能夠通過平等契約以及由此而來的法律程序和憲政制度在立異求同中相互合作、相互利用，就在於每個人既歸屬於人性相通的大同人類，又擁有屬於自己的一份可供利用交換的智力及體力資源。完全不利用別人也不被別人所利用的個人，幾乎是不存在的。

2.江勇振所謂「文化霸權」

錢玄同的黨同伐異與胡適的立異求同之間究竟是不是「五十步笑百步」，作為當事人的錢玄同，當然比江勇振更有發言權。1920年9月25日，鑒於周作人一再替遠在上海的《新青年》主編陳獨秀催討稿件，錢玄同在回信中反省道：

> 仔細想來，我們實在中孔老爹「學術思想專制」之毒太深，所以對於主張不同的論調，往往有孔老爹罵宰我，孟二哥罵楊、墨，罵盆成括之風。其實我們對於主張不同之論調，如其對方所主張，也是20世紀所可有，我們總該平心靜氣和他辯論。我近來很覺得拿王敬軒的態度來罵人，縱使所主張新到極點，終不脫「聖人之徒」的惡習，所以頗憚於下筆撰文。[6]

---

[6] 《中國現代文藝資料叢刊》第5輯，上海文藝出版社，1980年，第322頁。

江勇振在書中一再強調，只有他自己才找到了研究胡適的「唯一的法門」，他的如此表態就像當年「務以吾輩所主張者為絕對之是而不容他人之匡正」的陳獨秀一樣，完全沒有能力領悟胡適、錢玄同等人在中國文化思想史上曾經達到的精神高度。於是乎，他在《舍我其誰：胡適》第二部的「幕間小結」中，雖然翔實羅列了胡適對於「You shall know the difference now that we are back again!」的反復引用，卻偏偏得出一個曲解誤讀胡適的低級結論：「他的科學的人生觀、對近代西洋文明的禮讚、東方物質西方精神以及『吾輩已返，爾等且拭目以待』的舍我其誰的氣概，都淋漓盡致地展現在這篇演講裡。」[7]

這裡的「吾輩已返，爾等且拭目以待」，是江勇振對於胡適已經有了恰當貼切的漢語譯文「如今我們回來了，你們看便不同了！」的英語原文「You shall know the difference now that we are back again!」的生硬篡改。他所說的「這篇演講」，指的是胡適1926年10月9日晚上在英國的「大不列顛中國學生總聯盟」的年度宴會上的英文演講。

比起「這篇演講」，江勇振所謂「舍我其誰」的氣概的更加突出表現，是該書第三章的大標題「過關斬將，爭文化霸權」。正是在這一章裡，胡適1921年1月寫給陳獨秀的私人信件，被江勇振斷章取義地定性為「中國近代思想史上絕無僅有的一篇文化霸權爭權戰的自白書」：

　　　　你真是一個魯莽的人！……你難道不知我們在北京也

---

[7]　江勇振著《舍我其誰：胡適（第二部 日正當中，1917-1927）》下篇，第438頁。

時時刻刻在敵人包圍之中？你難道不知他們辦共學社是在
《世界叢書》之後，他們改造《改造》是有意的？他們拉
出他們的領袖來「講學」──講中國哲學史──是專對我
們的？……你難道不知他們現在已收回從前主張白話詩文
的主張？（任公有一篇大駁白話詩的文章，尚未發表，曾
把稿子給我看，我逐條駁了，送還他……）[8]

　　這裡的「任公」，就是「研究系」的精神領袖、前輩學者
梁啟超。1920年12月16日，陳獨秀應陳炯明邀請赴廣州主持廣東
省教育委員會。臨行之前，他以《新青年》同人團隊大家長的身
分，給胡適、高一涵寄來黨同伐異的警告信：「南方頗傳適之兄
與孟和兄與研究系接近，且有惡評，此次高師事，南方對孟和很
冷淡，也就是這個原因，我很盼望諸君宜注意此事。」[9]
　　為了避免《新青年》同人團隊的分裂解散，胡適啟動他在
美國反復嘗試過的民主議事程序，邀請北京同人就他提出的三條
建議進行表決。陳獨秀收到表決信後大為惱怒，再一次以《新青
年》同人團隊大家長的身分，分別給李大釗、陶孟和寫信。他一
方面表示要與倡議《新青年》停刊的陶孟和絕交；另一方面指責
胡適「另創一個哲學文學的雜誌」的倡議，是「反對他個人」。
　　在這種情況，胡適委曲求全、言不由衷地寫下了勸告陳獨秀
不要「魯莽」的上述信件。假如非要認定這封信件是所謂「文化
霸權爭權戰的自白書」，極力展現「文化霸權」的也不是胡適，

8　胡適致陳獨秀，《胡適來往書信選》上冊，第119-120頁。參見江勇振著《舍我
　　其誰：胡適（第二部 日正當中，1917-1927）》上篇，第209-212頁。
9　《關於新青年問題的幾封信》，張靜廬輯注《中國現代出版史料甲編》，中華書
　　局，1954年，第7頁。

而是既要對外黨同伐異又要對內禁止反對意見的陳獨秀。

　　單就胡適來說，他當年確實有過像陳獨秀、錢玄同一樣粗暴武斷的文化表現。關於這一點，胡適在《中國新文學大系‧建設理論集‧導言》中反省說：

　　　　我在民國七年四月發表《建設的文學革命論》，把文學革命的目標化零為整，歸結到「國語的文學，文學的國語」……我們一班朋友聚在一處，獨秀、玄同、半農諸人都和我站在一條路線上，我們的自信心更強了。……我受了他們的「悍」化，也更自信了。在那篇文章裡，我也武斷地說：「這二千年的文人所做的文學都是死的，都是用已經死了的語言文字做的。死文字決不能產出活文學。所以中國這二千年只有死文學，只有些沒有價值的死文學。……中國若想有活文學，必須用白話，必須用國語，必須做國語的文學。」[10]

　　胡適所說的「悍」化，就是極端絕對化、強悍粗暴化。他基於西方文藝復興的成功經驗而提倡白話文寫作，是符合人類共同體文明進步之大趨勢的。但是，他與陳獨秀、錢玄同、劉半農、周作人、魯迅等人一起，採用全盤否定文言文甚至於還要廢漢字的極端絕對態度來提倡白話文，卻是既不民主也不科學的。胡適、陳獨秀、錢玄同等人把白話文標榜為「正宗」的「活文

---

[10] 胡適：《中國新文學大系‧建設理論集導言》，上海良友圖書印刷公司，1935年10月，第23頁。另見姜義華主編《胡適學術文集‧新文學運動》，中華書局，1993年，第249-250頁。

學」，把文言文否定為非正宗的「死文學」，本身就是中國傳統孔學儒教以所謂天道天理及家國天下為本體本位，一方面在剛性的政權架構之制度設計層面獨尊君權、一方面在柔性的文化思想之意識形態層面獨尊儒術的典型表現。白話文的真實價值和生命活力，應該在與文言文公平競爭、相互促進中體現出來，而不應該在獨尊君權加獨尊儒術的非此即彼、勢不兩立之「正宗」地位中體現出來。

　　胡適、錢玄同的難能可貴之處，是他們逐漸意識到了自己的「悍化」謬誤，並且通過自我反省、自我健全來糾偏校正。江勇振顯然沒有認真區分胡適、錢玄同在五四運動之後與陳獨秀的路徑歧異，反而沿著陳獨秀「務以吾輩所主張者為絕對之是而不容他人之匡正」──或者說是「存天理，去人欲」──的傳統思路，「舍我其誰」地表白說：「顧名思義，論戰的目的當然不是讓真理越辯越明，而是要打倒對方，爭取或鞏固自己的文化霸權。」

　　正是基於與胡適率先引入中國社會的「充分世界化」的「健全的個人主義」之價值觀念完全背離的「打倒對方，爭取或鞏固自己的文化霸權」的荒誕邏輯，江勇振採用唐德剛在《胡適口述自傳》中已經把玩過的把胡適先捧上天堂再打入地獄的學術套路，在《舍我其誰：胡適》第一部的前言中，賦予胡適一個「莫須有」的「文化霸權」式的歷史地位：「二十世紀前半葉的中國，能帶領一代風騷、叱吒風雲、臧否進黜人物者，除了胡適以外，沒有第二人。」[11]接下來，江勇振在其一套四部的《舍我其誰：胡適》當中針對胡適的夾纏不清、詞不達意的「臧否進

---

[11] 江勇振著《舍我其誰：胡適（第一部：璞玉成碧，1891-1917）》，新星出版社，2011年，第5頁。

黜」，所要展現的無非是他自己想要充當「二十一世紀前半葉的中國，能帶領一代風騷、叱吒風雲、臧否進黜人物」之第一人的癡心妄想。

3.走偏誤讀的胡適研究

在《舍我其誰：胡適》第二部前言中，江勇振憑藉著在美國方便查閱各種文獻資料的學術優勢，極力表現他自己「舍我其誰」的「文化霸權」：

> 當前胡適研究最大的一個盲點，就是迷信只有在新資料出現的情況之下，才可能會有胡適研究的新典範出現。……然而，要突破當前胡適研究的瓶頸、要開創出新的典範，新的觀點才是法門。……惟一的法門，就是去讀杜威和赫胥黎的著作，然後再回過頭來審視胡適的文字，看胡適【是】如何挪用、誤用，乃至濫用杜威和赫胥黎的。[12]

僅就1949年之前的歷史事實而言，蔡元培、梁啟超、嚴復、丁文江、王雲五、林紓、章太炎、吳稚暉、王國維、陳寅恪、趙元任、陳獨秀、魯迅、周作人、錢玄同、劉半衣、梁漱溟、張君勱、徐志摩、林語堂、王世杰、陳源、錢穆、熊十力、顧頡剛、陶希聖、曾琦、郭沫若、田漢、郁達夫、老舍、曹禺、沈從文、張愛玲、胡風、路翎等諸多文化思想界之知名人士，都各有自己的讀者群和影響力。掌握軍政實力的袁世凱、徐世昌、段祺瑞、

---

[12] 江勇振著《舍我其誰：胡適（第二部 日正當中，1917-1927）》上篇，第1-5頁。

曹錕、吳佩孚、孫中山、黃興、陳其美、陶成章、宋教仁、馮玉祥、閻錫山、胡漢民、汪精衛、蔣介石、張作霖、張學良、孫傳芳、李宗仁等軍政人物，在某一時間區間內對於中國社會的現實影響力，更是手握筆桿子的胡適所不能企及的。

　　至於江勇振所謂胡適「如何挪用、誤用，乃至濫用杜威和赫胥黎」，說到底是在用複讀機的機器械標準來苛責作為活人的胡適。即使是杜威、赫胥黎本人，在不同的情景、面對不同的聽眾，對於自己的思想觀念的表述也會有細微的變通和調整。

　　按照席雲舒博士發表在《社會科學論壇》2016年第6期的長篇論文《胡適的哲學方法論及其來源》的翔實論證，胡適總體上並沒有像江勇振所說的那樣「挪用、誤用，乃至濫用杜威和赫胥黎」，反而是創造性地發展完善、整合貫通了杜威、赫胥黎等人的思想方法：

　　　　胡適對杜威實驗主義哲學的「效果論」及其方法是充分認同的，他並沒有誤讀杜威的思想，也沒有必要拋開杜威的哲學再去另建一套哲學體系，況且這個工作也未必是他的擅長。……但胡適對杜威的「實驗的方法」又是有所發展、有所完善的，並且往往有創造性的運用。他沒有使用皮爾士和詹姆士的「實用主義」（Pragmatism）概念，也沒有使用杜威的「工具主義」（Instrumentalism）概念，而是另用「實驗主義」概念來做杜威一派哲學的總名，亦可見出他的創造性所在。……

　　　　他對杜威哲學方法論的發展表現在，他把中國傳統的考證學方法、赫胥黎的「沙狄的方法」和杜威的「實驗

的方法」結合起來，如果說「制因以求果」的「實驗的方法」是杜威方法論的要旨，那麼「循果以推因」的「沙狄的方法」則是赫胥黎方法的精髓，胡適把兩者結合起來，不僅將其運用於古典學術考證等科學研究方面，也運用於對中國如何走向現代化的研究方面，一方面「循果以推因」，從中國古典傳統中尋找出人本主義、理性主義、自由精神等歷史發展的內在動因，以及阻礙中國走向現代化的原因，一方面又「制因以求果」，通過「文學革命」、「白話文運動」等實驗，從思想文化上為中國的現代化奠定一個基礎。正是他對這種「實驗的方法」的發展、完善和創造性的運用，為中國現代學術研究和思想文化現代化進程開闢了道路。

時間已經推移到21世紀，一位嚴謹負責的歷史文化學者，研究胡適的目的應該是從既有的歷史事實當中汲取教訓、尋找路徑，而不是在並不波瀾壯闊的胡適研究領域開創典範、實現霸權。更何況能不能夠成為典範，是個人能力之外的社會合力的結果，同時也是一代甚至幾代人反復驗證、事後追認的結果。

像江勇振這樣的海外華人學者，僅僅通過研究胡適就異想天開地要在漢語言文化圈裡實現所謂的文化霸權，本身就是很不健全的一種學術態度，同時也是對於胡適終生提倡的「充分世界化」的「健全的個人主義」之文明價值觀的走偏誤讀。像江勇振這樣只能充當胡適傳記資料長編的半成品學術著作，還沒有上市就打出「學界公認最權威最翔實的胡適傳記」的賣書廣告，更是對於學術共同體的公然侵權。

作為長年從事胡適研究的一名學界中人，我從來沒有聽說過「學界公認」之類的事情；儘管我對於江勇振嘔心瀝血地挖掘整理與胡適相關的一些中英文資料，確實抱有一份有限之敬意。

4.關於本書的補充說明

以上文字是我應《新京報》的臨時邀約寫作的一篇急就章的讀書評論，經編輯刪改之後以《資料翔實，誤讀胡適》為標題，發表於《新京報》2013年10月5日之讀書版。該文發表之後，《晶報》刊登記者劉憶斯的採訪錄《江勇振談胡適：應打破「胡適說過就算主義」》，說是採訪中江勇振還就近來張耀杰等一些內地學者批評自己結論先行、嚴重地誤讀曲解胡適，用「文化霸權」這種陳獨秀式的黨同伐異、不容忍的手法把板子錯打在胡適身上進行了回應。江勇振說，「事實上，有多少認為我筆下的胡適跟他們所瞭解的胡適不同的人，曾經反問過他們自己是不是結論先行？」江勇振認為，在不少胡適擁躉的心目中，胡適似乎是終生奉行「溫和」、「容忍」、「立異求同」、「以人為本、自由自治、契約平等、民主授權、憲政限權、博愛大同的現代文明價值觀念和價值譜系」的，他們就是「胡適說過就算主義者」的踐行者。

我的這部《胡適評議──政學兩界人和事》的上、中、下三卷殺青交稿之後，雲南昆明的書友唐斌先生藉著春節期間去臺灣自由行的機會，幫我買到了江勇振剛剛出版的《舍我其誰：胡適》的第三、第四部，並於2018年2月28日快遞到我的手中。打開該書第三部的前言，便看到江勇振對於我和饒佳榮等人的惡毒謾罵。

江勇振說是「張耀杰的《資料翔實，誤讀胡適》是一篇貌似前進，其實極其反動的怪文。……張耀杰的書評所反映出來的，是其不知學術為何物的事實。……張耀杰不懂『文化霸權』——不管是葛蘭西的hegemony，還是研究英國維多利亞時代的文化研究者所說的cultural authority。他一聽到『文化霸權』，就不但駭以為是『黨同伐異』，而且驚恐那是『洋名詞』、『洋主義』……」[13]

　　我雖然英文口語缺乏訓練，畢竟在1980年代當過幾年的農村中學英語教員。江勇振自稱「我使用的『文化霸權』的概念是取自於研究英國維多利亞時代的文化研究學者……所說的cultural authority的概念」；事實上，cultural authority在漢語方塊字裡面比較匹配的詞語是相對中性的文化權威，而不是具有排他性、侵佔性、戰鬥性、殺伐性的文化霸權。江勇振恣意曲解cultural authority為「文化霸權」，然後又把所謂「文化霸權」、「舍我其誰」之類的充滿殺伐排他之惡意的聳人字眼，扣到與「文化霸權」、「舍我其誰」相差最遠的胡適頭上，像這樣的煌煌四大部、洋洋灑灑數百萬言的《舍我其誰：胡適》，就只能用詞不達意、夾纏不清、泥沙俱下、嘩眾取寵來加以形容了。

　　行文至此，我有必要再做兩點補充說明：

　　其一，胡適只是我研究學習和爭取超越的對象，而不是我盲目崇拜的對象。我既不崇拜宗教的上帝，也不崇拜紅塵世俗當中的任何個人。我對方塊字文化最大的不認同，就是缺乏罪錯意識，這當中就包括自以為是「少數中的少數」卻並沒有在1949年

---

[13] 江勇振著《舍我其誰：胡適（第三部）為學論1927-1932》，臺灣聯經出版事業股份有限公司，2018年2月，第16-18頁。

前後的歷史拐點上充分發揮其洞察力和影響力的胡適。我嘔心瀝血寫作這部三卷本的書稿，就是要反思包括胡適在內的相關人等的人性缺失和歷史罪錯的。

其二，江勇振在他的書中挑起了許多爭端，我只是相對理性克制地回應了他的部分謬論。無論是歷史事件的真相還是人文學術的真理，都是在討論爭辯和碰撞比對中逐步顯現的，我個人是希望被江勇振點名攻擊的相關學者，都能夠站出來有所應對的。

2018年1月30日改稿殺青於北京家中
2018年6月21日補充改寫與南京旅途之中

史地傳記類　PC0752　讀歷史74

胡適評議　卷二：
胡適與新舊文化

作　　者 / 張耀杰
責任編輯 / 杜國維
圖文排版 / 楊家齊
封面設計 / 楊廣榕

發 行 人 / 宋政坤
法律顧問 / 毛國樑　律師
出版發行 / 秀威資訊科技股份有限公司
　　　　　114台北市內湖區瑞光路76巷65號1樓
　　　　　電話：+886-2-2796-3638　傳真：+886-2-2796-1377
　　　　　http://www.showwe.com.tw
劃撥帳號 / 19563868　戶名：秀威資訊科技股份有限公司
　　　　　讀者服務信箱：service@showwe.com.tw
展售門市 / 國家書店（松江門市）
　　　　　104台北市中山區松江路209號1樓
　　　　　電話：+886-2-2518-0207　傳真：+886-2-2518-0778
網路訂購 / 秀威網路書店：https://store.showwe.tw
　　　　　國家網路書店：https://www.govbooks.com.tw

2018年8月　BOD一版
定價：340元
版權所有　翻印必究
本書如有缺頁、破損或裝訂錯誤，請寄回更換

國家圖書館出版品預行編目

胡適評議 卷二,胡適與新舊文化 / 張耀杰著. -- 一
　版. -- 臺北市：秀威資訊科技, 2018.08
　　面；　公分. -- (史地傳記類；PC0752)(讀歷
史；74)
　BOD版
　ISBN 978-986-326-571-9(平裝)

　1. 胡適　2. 臺灣傳記

783.3886　　　　　　　　　　　107009380

讀 者 回 函 卡

感謝您購買本書，為提升服務品質，請填妥以下資料，將讀者回函卡直接寄
回或傳真本公司，收到您的寶貴意見後，我們會收藏記錄及檢討，謝謝！
如您需要了解本公司最新出版書目、購書優惠或企劃活動，歡迎您上網查詢
或下載相關資料：http:// www.showwe.com.tw

您購買的書名：_____

出生日期：_____年_____月_____日

學歷：□高中 (含) 以下　　□大專　　□研究所 (含) 以上

職業：□製造業　□金融業　□資訊業　□軍警　□傳播業　□自由業
　　　□服務業　□公務員　□教職　　□學生　□家管　　□其它_____

購書地點：□網路書店　□實體書店　□書展　□郵購　□贈閱　□其他

您從何得知本書的消息？

　□網路書店　□實體書店　□網路搜尋　□電子報　□書訊　□雜誌

　□傳播媒體　□親友推薦　□網站推薦　□部落格　□其他_____

您對本書的評價：(請填代號　1.非常滿意　2.滿意　3.尚可　4.再改進)

　封面設計____　版面編排____　內容____　文／譯筆____　價格____

讀完書後您覺得：

　□很有收穫　□有收穫　□收穫不多　□沒收穫

對我們的建議：_____

_____

_____

_____

11466
台北市內湖區瑞光路 76 巷 65 號 1 樓

秀威資訊科技股份有限公司 收

BOD 數位出版事業部

....

（請沿線對折寄回，謝謝！）

姓　　名：＿＿＿＿＿＿＿＿＿　年齡：＿＿＿＿　性別：□女　□男

郵遞區號：□□□□□

地　　址：＿＿＿＿＿＿＿＿＿＿＿＿＿＿＿＿＿＿＿＿＿

聯絡電話：(日) ＿＿＿＿＿＿＿＿＿　(夜) ＿＿＿＿＿＿＿＿＿

E-mail：＿＿＿＿＿＿＿＿＿＿＿＿＿＿＿＿＿＿＿＿＿